GILMORE GIRLS
Kleine und große Geheimnisse

Thea Silva

Gilmore girls

KLEINE UND GROSSE GEHEIMNISSE

Roman

vgs EGMONT

Bibliografische Information Der Deutschen Bibliothek
Die Deutsche Bibliothek verzeichnet diese Publikation in der Deutschen Nationalbibliografie; detaillierte bibliografische Daten sind im Internet über http://dnb.ddb.de abrufbar.

Der Roman »Gilmore Girls – Kleine und große Geheimnisse« von Thea Silva entstand auf der Basis der gleichnamigen Fernsehserie von Amy Sherman-Palladino, produziert von Warner Bros, ausgestrahlt bei Vox.

Lektorat: Eva Neisser
Produktion: Jutta Wallrafen
Umschlaggestaltung: Sens, Köln
Senderlogo: © Vox 2005
Titelfoto: © 2005 Warner Bros.
Satz: Hans Winkens, Wegberg
Printed in Germany
ISBN 3-8025-3480-8
Ab 01.01.2007:
ISBN 978-3-8025-3480-5

Besuchen Sie unsere Homepage:
www.vgs.de

1

Die Welt ist klein, und wenn ich es mal aus meiner Sicht sagen darf, ist das auch ganz gut so. Es bedeutet nämlich unter anderem, dass Yale, mein College, und mein Heimatort Stars Hollow relativ nah beieinander liegen. Auf diese Weise kann ich an den Wochenenden nach Hause fahren und sie bei Mom verbringen.

Oh, Gott, wie das klingt! »Die Wochenenden zu Hause bei Mom verbringen.« Es klingt nach Superlangweiler, Rockzipfel und Gutenachtgeschichten. Wer meine Mom, Lorelai Gilmore, allerdings kennt, für den werden Rockzipfel, Langeweile und Gutenachtgeschichten so ungefähr das Letzte sein, woran sie ihn erinnert ... Mom trägt am liebsten knallenge Jeans und gibt die besten Partys der ganzen Gegend. Und wenn es bei anderen normal ist, dass die Mütter wegen ihrer 18-jährigen Töchter schlaflose Nächte verbringen, so ist es in unserem Fall fast eher andersherum, und ich frage mich manchmal, wer von uns beiden eigentlich die Ältere ist. Oder zumindest die Vernünftigere.

Wir verstehen uns wirklich blendend, Mom und ich, trotzdem war es wohl an der Zeit, dass wir uns nach und nach zumindest ein bisschen voneinander abnabelten. Jeder Mensch muss mal erwachsen werden (auch wenn

Mom Phasen hat, in denen man es ihr kaum anmerkt – dass sie ja eigentlich schon erwachsen ist, meine ich), und mein Umzug nach Yale sollte mein erster Schritt dazu sein.

Noch während ich Moms Wagen vor unserem Haus parkte, überlegte ich, was sie wohl sagen würde. Dazu, dass ich diesen ersten Schritt neben meinem Umzug ins College durch ein weiteres äußeres Zeichen deutlich gemacht hatte. Ohne vorher mit ihr darüber gesprochen zu haben. Eine Premiere also.

Ich stieg aus und öffnete den Kofferraum, um die prall gefüllten Säcke mit schmutziger Wäsche herauszuheben. Dabei warf ich mit einer automatischen Bewegung den Kopf ein wenig nach hinten. So, wie ich es immer getan hatte, wenn ich meine bis dahin langen Haare über die Schulter werfen wollte. Ich spürte den feinen Lufthauch, den meine Haare bei dieser Bewegung verursachten. Im gleichen Moment spürte ich, wie sie wie ein feiner Vorhang der Reihe nach wieder nach vorn glitten, über meine Schulter hinweg, die sie nur noch knapp berührten. Ich konnte mir ein kleines Lächeln nicht verkneifen.

Die Lichter unseres Hauses leuchteten einladend in den stillen, kühlen Herbstabend. Ich schnappte meine Wäschesäcke, stürmte die Stufen hinauf und öffnete die Tür. Im selben Augenblick ging ein ohrenbetäubendes Jaulen los.

»Verdammt!«, hörte ich meine Mutter aus tiefstem Herzen fluchen. Mom kam die Treppe aus dem ersten Stock heruntergetrappelt. Ihre Beine steckten in einer knallengen Trainingshose, ihr Oberkörper in einem knappen schwarzen T-Shirt. Von dieser knackigen Figur hätte sich manche meiner noch nicht 20-jährigen Kolleginnen in Yale eine Scheibe abschneiden können.

Ich hielt mir die Ohren zu. »Was ist das denn?«, schrie ich über den Lärm hinweg. »Der Rauchmelder?«

»Nein, nicht der Rauchmelder!«, schrie Mom zurück und stürzte zu einem kleinen Kästchen an der Wohnzimmerwand, das ich noch nie in meinem Leben gesehen hatte – obwohl ich wirklich nicht wenig Zeit in diesem Haus verbracht hatte. Meine gesamte Kindheit, um genau zu sein.

»Das ist die Alarmanlage!«, schrie Mom und drückte hektisch auf der Nummerntastatur des Kästchens herum.

»Was für eine Alarmanlage?«, fragte ich entgeistert, während ich weiter meine Hände auf meine Ohren presste. »Wir haben doch gar keine Alarmanlage!«

»Nicht?«, fragte Mom und traktierte weiter das Kästchen. Ohne Erfolg. »Dann sind das wohl die Ratten im Keller, die sich eins pfeifen ...« Sie drehte sich zu mir um.

Die Alarmanlage jaulte noch immer. Jetzt sogar noch eine Spur lauter.

»Um Himmels willen!«, rief Mom und riss entsetzt die Augen auf. »Du hast dir die Haare abschneiden lassen!«

Genau! Das war es. Die abgeschnittenen Haare. Sie waren das äußere Zeichen, das ich gesetzt hatte. Um mir und Mom zu zeigen, dass für uns beide mit meinem Studium in Yale so etwas wie ein neuer Lebensabschnitt begonnen hatte.

Ich war absolut bereit, darüber zu reden. Aber vielleicht nicht unbedingt mit einer wild gewordenen Alarmanlage als musikalischer Begleitung.

»Warum hast du mir nicht gesagt, dass du sie dir

schneiden lassen willst?«, fuhr Mom aber schon fort. (Laalüü-Laalüü, jaulte der Alarm.)

»Es sind doch nur die Spitzen!«, schrie ich zurück. (Laalüü-Laalüü!) Das stimmte natürlich nicht ganz.

»Nur die Spitzen?«, schrie Mom prompt zurück. (Laalüü.) »Das kannst du vielleicht dem Blindenverein erzählen ...!«

»Sag mal, müssen wir das bei diesem Höllenlärm diskutieren?«, unterbrach ich sie. Der Alarm ließ sich ja leider nicht unterbrechen.

»Du hast Recht!«, schrie Mom. Sie fasste mich an den Armen und zerrte mich in eine entlegene Ecke des Wohnzimmers. Einen Augenblick später hörte der Alarm auf.

Wir wischten uns den Schweiß von der Stirn.

»Du kannst ja zaubern«, sagte ich.

Mom schüttelte den Kopf. »Da drüben ist ein Bewegungsmelder. Aber hier kann er uns nicht aufspüren.« Sie sah mich kritisch an.

Ich schüttelte meine schulterlange Frisur. »Gefällt es dir?«, fragte ich.

»Wenn nicht – würdest du die Haare dann wieder ankleben?«, entgegnete Mom.

Ein kurzer Schmerz durchzuckte mich. »Mom, ich dachte ...«

Moms Gesicht entspannte sich zu einem Lächeln. Einem richtig netten Lächeln. So eins, mit dem sie alle Männer verrückt machen könnte. »Es sieht schön aus«, versicherte sie.

»Danke«, sagte ich. Sie hätte mit einem ebensolchen Lächeln behaupten können, dass sie nichts lieber tat, als Freitagabend ihre Eltern zu besuchen. Was in Wahrheit zu den schlimmsten Foltern zählte, die sie sich vorstellen konnte.

Okay, Leben bedeutet Veränderung. Und es sind eben nicht immer alle mit diesen Veränderungen völlig einverstanden. Aber wenigstens versuchte Mom, mir das Gefühl zu geben, dass sie mich unterstützte. In allem, was ich tat. Das rechnete ich ihr hoch an.

»Seit wann haben wir denn eigentlich eine Alarmanlage?«, wechselte ich das Thema. Ich war mir ziemlich sicher, dass sie letzte Woche noch nicht da gewesen war.

»Seitdem sich in Stars Hollow eine Wachschutzgesellschaft niedergelassen hat und Kirk für sie arbeitet«, antwortete Mom.

»Eine Wachschutzgesellschaft in Stars Hollow? Und Kirk arbeitet für sie?« Beides kam mir ziemlich unglaublich vor. Meine Heimatstadt Stars Hollow ist nun wirklich nicht das, was man ein gefährliches Pflaster nennt. Und ebenso wenig ist der verklemmte Kirk das, was man sich unter einem Wachmann, wie er im Buche steht, vorstellt. Vielmehr gehört er zu den zahlreichen Männern des Ortes, die eine Schwäche für meine Mom haben und – Alarmanlage hin oder her – nicht den Hauch einer Chance.

»Kirk ist besorgt um meine Sicherheit. Und darum hat er diese Alarmanlage für mich installiert. Das ist doch ritterlich, nicht wahr? Etwas weniger ritterlich ist vielleicht die Tatsache, dass er sie installiert hat, als ich gerade nicht zu Hause war und er dafür einbrechen musste«, antwortete Mom. »Aber immerhin hat er einen Brief und seine Karte zurückgelassen«, fuhr sie fort. »Und seine Knarre.« Sie zeigte mit den Händen die Größe der Pistole an. Es musste sich dabei um eine Art Bärentöter handeln. Mindestens.

Irgendwie passte das alles nicht zu dem Bild, das ich von Stars Hollow hatte. »Knarre?«, wiederholte ich ungläubig. »Wachschutzfirma? Wozu das alles denn überhaupt? In diesem verschlafenen Nest ist doch noch nie etwas passiert.«

Mom setzte einen sinnierenden Blick auf. »So würde ich das nicht sehen«, meinte sie. »Wie ich schon sagte: In dieses Haus wurde eingebrochen, bevor es die Alarmanlage gab. Und außerdem gibt es einen neuen Briefträger«, fuhr sie nach kurzem Überlegen fort. »Er bringt Babettes Post zu Andrew, Normas zum Feinkostladen und Lukes Briefe zu Taylor. Nur Taylor weiß noch nicht, wo seine Briefe landen ...«, endete sie mit einem feinen Grinsen auf den Lippen.

Es gibt kaum zwei Menschen, die unterschiedlicher sein könnten als Taylor und Mom. Taylor stellt in seiner altmodischen Confiserie zwar das wunderbarste Eis her, das man sich nur vorstellen kann. Aber ich bin sicher: Wenn es die Paragrafenreiterei nicht schon vorher gegeben hätte, dann wäre Taylor ihr Erfinder. Mom hingegen lebt nach der Devise, fünfe gerade sein zu lassen und nicht alles so schrecklich eng zu sehen. Das ist es auch, was sie so sympathisch macht. Unter anderem.

»Wenn Luke also seine Post haben will, muss er wohl oder übel zu Taylor gehen«, begann Mom nun unter Zuhilfenahme ihrer Hände und mit weit ausholenden Gesten zu erklären. »Babette geht zu Andrew, wir müssen zu Miss Patty, Miss Patty wiederum geht zu Sookie, aber nicht zu Sookies Mann Jackson, der bekommt nämlich nur die Post von ...«

»Schon gut, schon gut«, unterbrach ich sie. Mom gab sich wirklich alle Mühe, mein Zuhause im Vergleich zum College aufregend und interessant erscheinen zu lassen. »Ich nehme alles zurück, was ich gesagt habe. In Stars Hollow steppt der Bär.«

Mom sah mich zufrieden an. »Langweiliger als in Yale, wo alle nur ihre Nasen in die Bücher stecken, ist es jedenfalls nicht.« Und nach einer Kunstpause fuhr sie fort: »Apropos Yale und apropos neue Selbstständigkeit: Wie sieht es mit Essen aus?«

Wir kennen uns gut, Mom und ich. Mitsamt unseren kleinen Schwachpunkten.

»Ich ... äh ...«, stammelte ich. Dann versuchte ich so unwiderstehlich zu lächeln, wie Mom es immer macht. Versuchsweise wenigstens. »Ich dachte, du hättest vielleicht eine Kleinigkeit für mich?«

Mom verschränkte die Arme. »Ach so? Dir etwas zu essen geben darf ich also? Aber ich erfahre nicht, wenn du dir die Haare schneiden lässt?«

Schwachpunkte, Schwachpunkte, Schwachpunkte! Ich hatte gewusst, dass meine langen Haare ein Schwachpunkt bei Mom waren. Sie war immer so stolz darauf gewesen. Trotzdem hatte ich es tun müssen. Sie abschneiden, meine ich.

»Also gut«, sagte ich und verdrehte betont auffällig die Augen. »Ich werde nie mehr etwas tun, ohne dich vorher zu fragen. In Ordnung?«

Mom grinste. Sie wusste genau, dass sie selbst niemals ihre Mutter gefragt hatte, bevor sie etwas getan hatte. Besonders nicht, bevor sie mit mir schwanger wurde. Mit 16 Jahren.

»Meine Wäsche steht noch draußen«, sagte ich, bevor

sie antworten konnte. Ich setzte mich in Bewegung, im selben Moment brach wieder die Hölle los. Die Alarmanlage!

»Oh, nein!«, rief Mom. »Warum hast du das getan?«

»Ich wollte meine Wäsche holen!«, schrie ich.

»Komm, komm, hier zurück in die Ecke!«, rief Mom. Sie packte mich und zog mich an ihre Seite. »Ach«, schrie sie, während sie ihren Arm um mich legte. Um uns herum tobte ein akustisches Inferno. Es konnte sich nur noch um Sekunden handeln, bis unsere Trommelfelle platzten. Mom atmete tief ein und aus und drückte mich dann glücklich an sich. »Zu Hause ist es doch am schönsten, nicht wahr?«

Ein Wochenende zu Hause! Ich genoss das Gefühl, als ich am nächsten Morgen in meinem Bett aufwachte. In meinem eigenen Bett und in meinem eigenen Zimmer, das ich mit niemandem teilen musste. Speziell nicht mit Janet und Paris, meinen Kolleginnen aus Yale, mit denen mich eine innige Hassliebe verband. Tanna hingegen, die Vierte in unserer Wohneinheit, mochte ich richtig gern. Sie war so schön seltsam.

Dieses Wochenende sollte das ultimative Entspannungswochenende werden. Ich hatte mir einen Stapel Bücher bereitgelegt. Nichts geht darüber, im Pavillon unseres Stadtparks zu sitzen und zu schmökern, ein bisschen herumzubummeln, ein paar Leute zu treffen und zwischendurch mit Mom zu Luke zu gehen und in seinem Restaurant unserem gemeinsamen Laster zu frönen: dem Kaffeetrinken.

Als ich aus meinem Zimmer treten wollte, zuckte zuerst mein Fuß zurück. Auf dem Fußboden befand sich eine Spur. Ich bin nicht besonders gut im Fährtenlesen, aber so viel erkannte ich auf Anhieb: Diese Spur stammte von einem Wesen, das ein Stück größer war als ich. So etwa 20 Zentimeter. Von meiner Mom.

Mom kniete auf dem Boden und klebte gelbe Zettel drauf. Sie war bereits bis in die Eingangshalle vorgedrungen. Falls es noch nicht bekannt sein sollte: Mom ist eine Meisterin der verrückten Ideen. Wenn ich mich nicht selbst damit ins Abseits bringen würde, würde ich sogar so weit gehen zu sagen, dass sie die Mutter der verrückten Ideen ist.

»Mom?«, fragte ich überrascht. »Was machst du da?«

»Ich versuche den Bewegungsmelder auszutricksen«, kam die Antwort, während sie sich in ihrer Tätigkeit nicht eine Sekunde lang unterbrechen ließ. »Solange du der Spur und den Anweisungen folgst, gibt es keine Probleme.«

Ich machte ein paar vorsichtige Schritte über die gelbe Zettelstraße, doch als ich »Hinhocken! Und Hüpfen!« auf einem der Zettel zu lesen bekam, blieb ich stehen. »Mom!«, sagte ich. »Das kann doch nicht dein Ernst sein!«

Mom zuckte die Schultern. »Der Bewegungsmelder hat nun mal eine ziemlich große Reichweite. Wenn du willst, dass es ruhig bleibt ...«

Es war zwar bescheuert, aber Moms Argument leuchtete mir ein. Ich ging in die Knie und hüpfte die nächsten Meter wie »Häschen in der Grube«.

»Eigentlich hatte ich mir vorgenommen, dich rauszuhalten, wenn ich mal eine Therapie mache«, knurrte ich. »Aber im Moment bin ich mir doch nicht mehr so sicher.«

»Okay«, sagte Mom. Sie half mir hoch. »Ab hier kannst du wieder normal laufen.«

Ich drückte meine Knie mit den Händen gerade. »Hast du wenigstens noch mal versucht, die Wachschutzfirma anzurufen?«

»Oh, ja«, sagte Mom strahlend. »Meg war dran. Sie putzt dort. Und sie lässt dich schön grüßen.«

Ach so. Danke.

»Sag mal«, fuhr Mom schon fort, bevor ich etwas einwenden konnte. »Was hast du denn heute so vor?«

Die Vorfreude auf den wunderbaren Tag, den ich heute in Stars Hollow verbringen würde, ließ das Problem mit der nervigen Alarmanlage auf der Stelle zu einem Problemchen zusammenschnurren. »Ich werde lesen und faulenzen und nette Leute treffen«, antwortete ich.

»Du Glückliche!«, seufzte Mom. »Und ich werde mich gleich mit dem Bauleiter für das *Dragon Inn* treffen und mich auslachen lassen, sobald ich ihn gefragt habe: ›Aber das wird doch alles nicht noch mehr kosten?‹«

Der Begriff »Sorgenfalten« ist für die Stirn meiner Mutter eigentlich ein Fremdwort. Und auch die strenge Kerbe, die zuweilen zwischen den Augen ihrer Mutter, also meiner Grandma Emily, erscheint, sucht man bei Mom vergebens. Jetzt aber verloren ihre Augen für einen kurzen Moment ihren strahlenden Glanz.

Das *Dragon Inn* ist Moms ganz eigener Traum. Okay, sie teilt ihn mit jemandem, mit ihrer Freundin Sookie. Deswegen ist er vielleicht nicht so ganz eigen. Aber immerhin. Nachdem das *Independent Inn*, das Gasthaus, in dem Mom und Sookie früher gearbeitet haben, geschlossen worden war, hatten die beiden beschlossen, ihr eigenes Hotel zu eröffnen. Und sogar Michel, den früheren Portier des *Independent Inn* mit ins Boot zu holen. Obwohl mit ihm nicht immer gut Kirschen essen war, um es mal harmlos auszudrücken. Das Haus, das einmal das *Dragon Inn* werden sollte, war bereits gekauft. Damit war Moms Traum doch schon zum Greifen nah, oder?

»Es wird schon nicht so schlimm werden«, versuchte ich ihr den Rücken zu stärken.

»Man soll den Tag nicht vor dem Abend loben«, sagte Mom, und niemand ahnte, dass ihre Worte in diesem Moment geradezu prophetisch waren. »Wie sieht es aus?«, wechselte sie dann das Thema. »Treffen wir uns nachher bei Luke?«

»Klar doch«, antwortete ich, während ich mir schon meine Tasche über die Schulter hängte und mich zum Gehen wandte. »Vorausgesetzt, wir schaffen es überhaupt, dieses Haus zu verlassen«, setzte ich noch nachdenklich hinzu – aber Mom lief bereits die Treppe hinauf.

»Du musst nur den gelben Zetteln folgen!«, rief sie.

Ich betrachtete ratlos die Spuren, die Mom geklebt hatte – ein Labyrinth, das sich in der Mitte der Eingangshalle seltsam verknäulte und von dort aus ins Leere führte. »Aber ... aber die führen in verschiedene Richtungen! Oder besser gesagt: in gar keine!«

Mom drehte sich herum. »Merkwürdig. Dann müssen wohl ein paar verrutscht sein.«

»Aber wie ... wie kommen wir denn jetzt hier raus?« So schnell wollte ich nicht locker lassen, konnte ich mir doch gut den Alarmanlagenterror ersparen. Aber ich hatte wenig Erfolg.

»Tja«, sagte Mom bloß. Ihre Augen blitzten jetzt wieder und um ihren Mund spielte der feine Spott, mit dem sie die wirklichen Probleme des Lebens zu betrachten wusste. Und der vermutlich lange Jahre die einzige Stütze in ihrem Leben als allein erziehende Mutter gewesen war. Und in ihrem Verhältnis zu ihren Eltern.

Sie verschränkte die Arme vor der Brust und lächelte bezaubernd. Dann blinzelte sie und nickte mit dem Kopf.

»Oh«, sagte ich nur. »Ich hasse Kirk!«

Ich bin zwar nicht die bezaubernde Jeannie, aber es gelang mir trotzdem, das Haus zu verlassen, ohne die ohrenbetäubende Alarmanlage in Gang zu setzen. Mein erstes Ziel war der Pavillon auf der Wiese im Stadtzentrum. Dort wollte ich mindestens erst einmal zwanzig Seiten lesen. Als kleines, intellektuelles Frühstück sozusagen.

Die Sonne schien warm, und rundherum herrschte Ruhe und Frieden. Die perfekten Voraussetzungen also, um zu lesen. Ich setzte mich auf die Bank und vertiefte mich in mein Buch. Um mich herum war nur Ruhe und Frieden. Ruhe und Frieden. Ruhe und ...

Mit einem Mal landete ein riesiger Pappkarton vor meinen Füßen.

»Sorry, Miss, aber ich glaube, ich muss Sie vertreiben«, rief der Mann, der hinter dem Pappkarton die Stufen des Pavillons emporkam. Gleich darauf segelte eine in Cellophan verpackte weiße Tischdecke über meinen Kopf. Der Mann vor mir fing sie auf.

Ich riss mir die Ohrstöpsel meines Walkmans aus den Ohren. Der fliegende Karton und die segelnde Tischdecke hatten mir einen gehörigen Schrecken eingejagt. Mein Herz flatterte. »Was ... was ist denn los?«, wollte ich wissen.

»Muss hier was vorbereiten!«, rief der Mann und wandte sich schon wieder ab, um den nächsten Karton zu holen. »Für morgen. Wird eh' schon knapp.«

»Aber was …«, rief ich ihm hinterher und sprang auf. Er hörte mich schon gar nicht mehr.

»Von wegen Ruhe und Frieden«, knurrte ich in mich hinein, während ich mein Buch in meine Tasche stopfte und meine Sandwichtüte mitsamt meinem Coffee-to-go-Becher schnappte, um den Pavillon über die auf der anderen Seite gelegene Treppe zu verlassen. Doch mitten in der Bewegung blieb ich wie angewurzelt stehen.

Dort unten, auf der Wiese, standen drei Damen. Oder besser gesagt: zwei Damen und Lindsay. Meine Nachfolgerin an der Seite meines Exfreundes. An der Seite von Dean. Sie hielt ein überdimensionales Foto in den Händen. Ein Foto von ihr und Dean. Eng umschlungen.

Mein ohnehin noch flatterndes Herz schlug einen Salto. Ach, was sage ich: einen dreifachen Salto mit Trommelwirbel! Es fiel mir wie Schuppen von den Augen! Jetzt war alles klar! Kartons voller Dekozeug. Weiße Tischdecken am romantischsten Ort, den Stars Hollow aufzuweisen hat. Zwei ältere Damen, die einer aufgeregten jüngeren mütterliche Ratschläge geben. Und die jede Kleinigkeit minutiös aufschreiben. Damit diese Hochzeit der schönste Tag wird. Der schönste Tag im Leben von Lindsay, der Braut.

Bei ihrer Hochzeit mit Dean!

2

Ich bin alles andere als eine gute Sportlerin. Jetzt aber brach ich sämtliche Geschwindigkeitsrekorde, die jemals in Stars Hollow aufgestellt worden waren. Ach, was sage ich, in Stars Hollow – in ganz Connecticut! Ich rannte so schnell ich konnte, und wenige Minuten später öffnete ich die Tür zum Antiquitätenladen der Kims.

»Rory? Um Himmels willen – was ist denn los?« Meine Freundin Lane sah mich mit kugelrunden Augen an – was bei ihrer koreanischen Herkunft wirklich etwas heißen will. Mein stürmischer Auftritt schien sie ganz schön aus der Fassung gebracht zu haben.

»Sag mal, hast du noch nie etwas von Telefonen gehört?«, schoss ich sofort los, nach Luft japsend. »Als meine Freundin wäre es deine Pflicht gewesen, mich anzurufen und mir zu sagen, dass mein Exfreund an diesem Sonntag da draußen, auf dem zentralsten Platz der ganzen Stadt, heiraten wird.« Ich musste immer noch nach Atem ringen. Wobei ich mir offen gestanden nicht so ganz im Klaren darüber war, ob die Atemnot allein vom Laufen kam oder von der Überraschung wegen Deans Hochzeit. Es war auch egal. Mein Herz raste jedenfalls immer noch.

Lane schlug sich die Hand vor den Mund. »Oh, das hatte ich total vergessen. Nicht die Hochzeit, aber dass du am Wochenende kommst. Aber nein, so meine ich das doch gar nicht«, sagte sie schnell, als sie mein verblüfftes Gesicht sah. Denn dass meine beste Freundin mich vergisst, während mein Exfreund heiratet – das fand ich doch ein bisschen heftig.

»Weißt du, hier ist gerade so ein Chaos. Und ich habe gedacht, es ist besser, wenn ich es dir persönlich sage«, fuhr sie fort.

Jetzt erst merkte ich, dass Lane irgendwie flatterig war.

Im selben Moment wurden ihre Augen wieder groß. »Oh, entschuldige, warte bitte mal 'ne Sekunde!«

Sie ging zu einem großen alten Schrank und öffnete ihn.

»Uff«, sagte eine Stimme. »Wurde aber auch Zeit.«

»Das ist heute schon das vierte Mal«, sagte eine andere.

Zu meiner nicht geringen Verwunderung standen zwei Jungs im Schrank. Zack und Brian. Sie quetschten sich an die Rückwand und hatten die Köpfe eingezogen.

Lanes Eltern sind etwas skeptisch, was die nichtkoreanischen Freunde ihrer Tochter anbelangt. Das gilt für mich genauso wie für die Jungs, mit denen Lane eine Rockband gegründet hat. Und für die Mom unsere Garage zur Verfügung stellt. Als Proberaum.

»Wir dachten, du wärst meine Mutter«, wandte Lane sich entschuldigend an mich. »Da musste ich sie schnell verstecken.«

Klar, dass man Stress hat, wenn man – wie Lane – eine Art Doppelleben führt. Auf der einen Seite die brave koreanische Tochter – auf der anderen Seite die wildeste Schlagzeugerin seit der Erfindung der Rhythmusinstrumente. Aber Augenblicke später stellte sich heraus, dass Lanes Stress noch viel weiter ging. Dave, der Gitarrist der

Band, hatte Stars Hollow verlassen und war aufs College gegangen. Das war für Zack der übelste Verrat, den er sich vorstellen konnte.

»Ein richtiger Rock'n'Roller geht nicht aufs College«, stellte er wütend fest. »Wer aufs College geht, ist für die Musik verloren.«

»Das kann man so nicht sagen«, entgegnete ich. »Mick Jagger hat in London Wirtschaft studiert. Dexter Holland von The Offspring hat an der USC seinen Doktor in Molekularbiologie gemacht. Greg Ginn von Black Flag hat einen Abschluss von der UCLA«, zählte ich weiter auf, »und der Typ von Bad Religion hat an der UCLA den Magister in Geologie gemacht. Soviel ich weiß, arbeitet er gerade an seinem Doktor in Evolutionsbiologie«, schloss ich.

Zack sah mich an wie dreimal aufgewärmten Spinat. »Lane, sie ist deine Freundin«, stellte er fest. Was so viel bedeutete wie: »Schaff sie uns bitte vom Hals.«

»Schon gut, schon gut«, sagte ich, bevor Lane den Mund aufmachen konnte. »Ich muss sowieso gehen. Ich ruf dich an«, versprach ich Lane.

Lane klemmte sich an meine Fersen und folgte mir bis zur Tür. »Hey, bist du sauer?«, fragte sie.

Ich drehte mich um. »Nein, natürlich nicht. Es ist nur ...« Ein hilfloses Lächeln kroch über meine Lippen. »Das mit Dean ... die Hochzeit ... das kommt ein bisschen überraschend.«

»Ja«, sagte Lane, »das kann ich verstehen. Ich hab auch ein schlechtes Gewissen, dass ich es dir nicht gesagt habe ...«

»Schon gut«, beruhigte ich sie. »Ich muss einfach nur aufpassen, wohin ich gehe, an diesem Wochenende«, fuhr ich fort. »Damit wir uns nicht über die Füße laufen. Dean, die Hochzeitsgesellschaft und ich, meine ich.«

Lane lächelte. Vielleicht weil sie Koreanerin ist. Vielleicht aber auch, weil sie mich mag. Weil sie meine einzige und beste Freundin ist und weil wir uns verstehen.

»Wir sehen uns morgen«, versprach sie. »Spätestens, wenn morgen bei euch in der Garage ein paar neue Gitarristen vorspielen.«

»Okay, bis dann«, sagte ich und warf mir meine Tasche über die Schulter.

Lane nickte. Und lächelte. »Bis dann.«

Ich war mal wieder in sämtliche Fettnäpfe getreten, die es überhaupt gegeben hatte. Dass Zack alles andere als der geborene Professor war und nur für seine Musik lebte, war mir eigentlich klar gewesen. Warum hatte ich ihn nur so sehr mit der Nase darauf stoßen müssen, dass es durchaus Leute gab, die gute Musiker und intelligente Wissenschaftler waren? Okay, ich hatte mich ein bisschen in die Enge gedrängt gefühlt. Weil Zack fast so getan hatte, als seien die Colleges unseres Landes Institutionen, die nur dazu dienten, junge Leute charakterlich umzupolen. Wahrscheinlich hatte ich super zickig geklungen, als ich die Liste der Musiker mit Doktorhut aufzählte, und das Bild der perfekten Streberin abgegeben.

Nachdenklich ging ich die Straße entlang. Es konnte natürlich sein, dass man sich irgendwie veränderte, wenn man aufs College ging. Schon alleine deshalb, weil man mit ganz neuen Leuten zusammenkam. Und wenn ich in meinen trübsten Erinnerungen wühlte, stellte ich sogar fest, dass mein Entschluss, nach Yale zu gehen, während mein Freund sich für die Connecticut State entschieden hatte, auch zu unserer Trennung beigetragen hatte. Dean hatte damals ...

Meine Füße schienen plötzlich nicht mehr so ganz zu wissen, was sie taten. Im selben Moment, in dem ich Deans Namen gedacht hatte, tauchte er vor mir auf. Dean! Wie aus dem Nichts. Oder besser gesagt: Er kam urplötzlich hinter einem parkenden Auto hervor. Und auch seine Füße schienen ihm einen Moment lang nicht zu gehören. Aber dann fing er sich wieder.

Wir standen uns gegenüber. Hier, mitten auf der Straße.

»Oh, ... hallo, Dean«, stammelte ich.

»H-hi, Rory«, antwortete Dean.

Noch ein paar stimmlose H's mehr, und wir hätten uns in den Vorstand des Asthmatikerverbandes wählen lassen können.

»Ich ... ich war gerade bei Lane«, sagte ich und deutete auf das Haus meiner Freundin. Als müsste ich einen Grund dafür suchen, warum ich meinem Exfreund auf einer öffentlichen Straße in einem freien Land begegnete.

»Bei Lane? Ach so. Ja, ja«, antwortete Dean. Man hätte denken können, er erinnerte sich nur undeutlich an meine Freundin. Offenbar beeinträchtigen Hochzeitsvorbereitungen das Gedächtnis. »Bist du ... bist du über das Wochenende hier?«, erkundigte sich Dean.

»Ja«, sagte ich. »Ich habe so viel dreckige Wäsche und kein Kleingeld mehr.« Im selben Augenblick hätte ich mir auf die Zunge beißen können. Nicht wegen der dreckigen Wäsche. Sondern wegen meiner dämlichen Art, völligen Unfug zu reden, wenn ich aufgeregt bin. Es ist wie eine Art Tourette-Syndrom. Ohne dass ich es beeinflussen kann, kommen mir die unglaublichsten Dinge über die Lippen. Mein Mund führt dann plötzlich ein Eigenleben, und ich sage Sachen, die entweder furchtbar albern oder entsetzlich peinlich sind. Oder einfach nur doof. Wer fährt denn vom College nach Hause, um Kleingeld zu holen? Zumal in Yale alles, von der Waschmaschine bis zum Kopierer, über Computerkarten abgerechnet wird ...

»Ah ja, verstehe«, sagte Dean aber. Dann fiel ihm wohl nichts mehr ein. Und mir eigentlich auch nicht.

»Du ... ihr habt also die ganze Stadt besetzt? Morgen meine ich?«, und deutete hinter mich auf den Platz, in dessen Mitte sich der Pavillon erhob.

Dean lächelte verlegen. »Ja. Weißt du, Lindsay hat es sich so sehr gewünscht. Diese Hochzeit im Pavillon. Und schließlich ... es ist ja ihre Hochzeit.«

»Ja, ja, klar«, beeilte ich mich zu sagen. »Und deine ... deine natürlich auch.«

»Oh, ja«, sagte Dean schnell. »Meine natürlich auch.«

Schnitt!, dachte ich. Schnitt! Warum war dieses Leben nicht ein Video? Dann hätte ich jetzt die Stopptaste gedrückt und die ganze Szene noch mal komplett neu angesetzt: Rory verlässt Lanes Haus und geht in die entgegengesetzte Richtung. Und die Einstellung mit Dean – raus damit!

Aber die grausame Realität kannte keine Stopptaste. Im Gegenteil.

»Oh, weißt du was?«, begann Dean jetzt. »Ich wusste ja nicht, dass du über das Wochenende hier sein würdest. Sonst hätte ich dich auf jeden Fall zu meiner Hochzeit eingeladen.«

Ich hatte schon mit dem Schlimmsten gerechnet. Aber

jetzt winkte ich erleichtert ab. »Oh, kein Problem. Mach dir bitte darüber keine Gedanken.« Allein die Vorstellung, zu Deans Hochzeit gehen zu müssen, bereitete mir fast Übelkeit.

»Aber jetzt, jetzt bist du ja hier«, fuhr Dean fort. »Und weißt du was? Komm doch einfach. Ich lade dich ein! Dich und Lorelai!«

»Wie bitte?«, entfuhr es mir.

»Ja, klar, ihr müsst unbedingt kommen!«, bekräftigte Dean. »Huhn oder Rindfleisch?«

»Was? Wie? Aber ...«

»Ach, dumme Frage. Rindfleisch natürlich«, haspelte Dean aber schon weiter. »Du und Lorelai, ihr seid doch eindeutig Rindfleisch-Typen. Das heißt, versteh mich bitte nicht falsch. Nicht dass ihr irgendwie Ähnlichkeit ...«

Ich hörte gar nicht, was er eigentlich sagte. Der Satz »Ihr müsst unbedingt kommen« hallte mir noch in den Ohren.

»Aber das ... das ist wirklich nicht nötig«, versuchte ich abzuwiegeln. »Wirklich, ob ich gerade hier bin oder nicht, das spielt doch gar keine Rolle. Für deine Hochzeit jedenfalls nicht. Ich meine ...«

Aber auch Deans Hörfähigkeit schien bedeutend nachgelassen zu haben. »Morgen um zwölf in der Kirche«, sagte er, ohne auf meinen Einwand zu achten. »Der im Anzug bin ich.«

»Also, ich ...«, machte ich einen letzten verzweifelten Versuch und suchte nach den richtigen Worten.

Dean sah kurz auf. Richtung Platz und Pavillon. »Oh«, sagte er. »Ich muss gehen. Lindsay wartet auf mich. Tut mir Leid. Also dann«, meinte er. »Wir sehen uns morgen in der Kirche. Ich bin der mit dem Anzug.«

Damit warf er mir ein letztes kurzes Lächeln zu und setzte sich in Bewegung.

Irgendwie hatte Mom es an diesem Vormittag geschafft, den Wachschutzdienst zu erreichen und Kirk zu uns nach Hause zu beordern. Mit vereinten Kräften gelang es ihnen, die Alarmanlage zwar nicht leiser zu stellen, sie aber wenigstens für die nächste Zeit komplett lahm zu legen. So lange, bis Kirks Kollege Jimmy, der in der Lage war, die Lautstärke einzustellen, wieder Dienst hatte. Leider war durch Kirks Bemühungen das Telefon kurzfristig ausgefallen. Aber auch diese kleine Unregelmäßigkeit hatten die beiden mit einem Stückchen Isolierband wieder in den Griff bekommen. Was aber möglicherweise bedeutete, dass auch der Alarm wieder losgehen konnte.

Jetzt saßen Mom und ich bei Luke. Wir tranken Kaffee und aßen Kekse. Ich hatte Mom gerade von meiner Begegnung mit Dean erzählt.

»Wir sind also zur Hochzeit eingeladen«, stellte Mom fest.

»Ja, das sind wir«, bestätigte ich seufzend. »Ich meine, das Ganze war schon irgendwie peinlich«, nahm ich den Faden meiner Erzählung noch einmal auf. »Und letzten Endes ... na ja, ich denke, er hat uns nur aus Höflichkeit eingeladen. Um nicht unfreundlich zu sein.«

Mom seufzte.

»Was sollen wir jetzt machen?«, fragte ich. »Gehen wir hin?«

Mom sah mich an. »Liebling, das musst du entscheiden. Er ist doch dein Exfreund.«

Ich atmete tief durch. »Ich glaube, es käme mir komisch vor, hinzugehen«, sagte ich.

»Dann gehen wir nicht hin«, stellte Mom wie aus der Pistole geschossen fest.

»Andererseits«, wandte ich ein. »Wenn wir nicht hingehen, sieht es so aus, als wollten wir ihm damit irgendwas zeigen.«

»Gut. Dann gehen wir also doch hin«, schloss Mom mit einem leichten Bedauern in der Stimme.

»Wenn ich doch nur länger bei Lane geblieben wäre!«, seufzte ich auf.

»Tja«, meinte Mom und zuckte resigniert die Schultern. »Das ist eben Schicksal.«

»Schicksal?« Luke war plötzlich neben uns aufgetaucht und goss uns Kaffee nach. »Es gibt kein Schicksal. Es gibt auch keine Vorhersehung. Es gibt keine Hellseherei und Tarotkarten sind der gleiche Humbug wie Kaffeesatzleserei.«

Auch wenn sich das Leben von einem auf den anderen Tag ändern kann, wenn man plötzlich kürzere Haare hat oder der Exfreund am Arm einer anderen vor den Traualtar tritt – manches bleibt immer gleich, und dazu zählt auch Luke. Damit meine ich gar nicht unbedingt sein Äußeres, nicht sein ewig gleiches Flanellhemd, das er immer trägt, nicht die ewig gleiche Jeans und auch nicht die Baseballkappe, die er originellerweise immer mit dem Schirm nach hinten auf den Kopf setzt. Nein, was bei Luke von Tag zu Tag noch wesentlich gleicher bleibt, ist seine Muffeligkeit. Er ist sozusagen der Mega-Muffel von Stars Hollow. Und trotzdem gleichzeitig einer der sympathischsten Männer, die Mom und mir jemals begegnet sind.

Mom sah zu ihm auf. Ihre Augen blitzten. Ich fand sie gerade jetzt wieder einmal unwiderstehlich. Und ich wette, Luke ging es genauso. Auch wenn er es nicht zeigte.

»Luke, weißt du was? Du hast dich gerade sozusagen selbst widerlegt«, sagte sie.

»Was?«, fragte Luke. »Wieso?« Es klang mehr wie das kurze Schnauben eines Wasserbüffels. Echt Luke also.

»Ich habe genau gewusst, dass du sagen würdest, was du gerade gesagt hast«, sagte Mom. »Und das ist Hellseherei.«

Luke sah Mom einen Moment lang an und blickte dann auf den Tisch. »Ihr habt noch Kekse«, schloss er. Dann schluffte er mitsamt seiner Kaffeekanne wieder hinter den Tresen.

»Okay«, seufzte Mom leise. »Wo waren wir stehen geblieben?«

»Wir gehen hin«, sagte ich entschlossen. »Wir gehen zu Deans Hochzeit.«

»In Ordnung«, sagte Mom. »Dann kaufen wir gleich morgen Vormittag eine Salatschleuder«, entschied sie. »Auch wenn ich fürchte, dass schon andere auf diese Idee gekommen sind. Aber das ist eben auch Schicksal! Und um dem Schicksal zu entkommen, dass man zur Hochzeit einen ganzen Satz Salatschleudern geschenkt bekommt, gibt es nur einen Weg: Gar nicht erst heiraten.«

In diesem Moment öffnete sich die Tür von ›Lukes Diner‹ und wir erlebten – wie nennt man das? Ja: einen Auftritt!

Miss Patty kam hereingesegelt. In ihrer Jugend muss sie ausgesprochen schlank gewesen sein. Zumindest darf man das bei einer ehemaligen Tänzerin wohl voraussetzen. Jetzt trug sie bunte, großformatige Gewänder, die die imposanten Ausmaße ihrer Figur durch sanftes Wogen reizvoll umspielten. Sie war ein Schlachtschiff – allerdings ein äußerst sympathisches.

Miss Patty ließ sich auf den freien Stuhl an unserem Tisch fallen und rang nach Atem. »Hier, Lorelai. Deine Post. Ich hab dich überall in der Stadt gesucht«, setzte sie hinzu, und es war ihr anzusehen, dass sie ziemlich ausgepumpt war. »Der Briefträger! Wenn ich den erwische!«, drohte sie dunkel.

»Ach, Patty«, sagte Mom und sah unsere schwergewichtige Freundin mitleidig an. »Warum hast du mich nicht angerufen? Dann hätte ich mir die Post doch geholt.«

»Ich hatte den Eindruck, dass ein wichtiger Brief darunter ist«, antwortete Patty, während sie sich bereits wieder erhob. »Und ich dachte, je eher du ihn bekommst, desto besser. Macht's gut, Kinder«, verabschiedete sie sich. »Und wenn ihr den Briefträger seht, dann sagt ihm, er kann sich auf etwas gefasst machen!« Damit verließ sie schnaufend ›Lukes Diner‹.

Mom war schon mit der Post beschäftigt. »Denkmalschutzkommission?«, las sie fragend den Absender des offenbar wichtigen Briefes vor. »Oh, nein!«, rief sie dann aus und sah mich fassungslos an.

Wenn man vom College für das Wochenende nach Hause kommt, stellt man sich vor, zwei Tage lang nichts zu tun. Außer Lesen, Videos gucken, Pizza essen, Leute treffen und Shoppen gehen vielleicht. Was man sich aber vor allem nicht vorstellt, ist, den Samstagabend bei einer Bürgerversammlung zu verbringen. Ich hasse so etwas! Versammlungen dieser Art sind der Ort, wo die Bürokratie wahre Höhenflüge erlebt und Leute wie Taylor ihre persönlichen Höchstleistungen im Erbsenzählen zur Schau stellen. Vor Publikum versteht sich.

In diesem speziellen Fall aber ließ sich die Sache nicht umgehen. Der Hintergrund war: Taylor hatte, als Vorsitzender der Denkmalschutzkommission von Stars Hollow, meiner Mom eine Unterlassungsanordnung geschickt, die die Renovierung des zukünftigen *Dragon Inn* betraf. Er untersagte Mom und Sookie damit jede Form von Veränderung an dem angeblich »historischen Gebäude«. Dazu muss man wissen, dass Taylor jeden Ort, an dem sich mal ein Promi die Nase geputzt hat, für einen historischen Ort hält, der von nun an in seiner Gestalt erhalten bleiben muss. Ätzend!

Moms und Sookies einzige Chance, die Unterlassungsanordnung rückgängig zu machen, bestand darin, ihr Vorhaben auf der an diesem Abend stattfindenden Bürgerversammlung vorzustellen und darüber abstimmen zu lassen. So besprach sie es noch am Vormittag mit Taylor.

Wir kamen pünktlich im Versammlungssaal des Rathauses zusammen. Mom war ganz schön nervös, und ich fragte mich, wie es der hochschwangeren Sookie wohl in diesem Moment ging. Sie schien einigermaßen gelassen zu sein. Vielleicht lag das aber auch daran, dass sie sich aufgrund ihres enormen Bauchumfanges kaum noch bewegen konnte.

Mom hingegen rutschte nervös auf ihrem Stuhl herum. »Hoffentlich fängt er gleich mit unserem Thema an«, flüsterte sie Sookie zu. »Sonst halte ich es kaum aus.«

Diesen Gefallen tat Taylor Mom allerdings nicht. Stattdessen ließ er sich lang und breit über die Geschichte »Der überglückliche Donut« aus, mit dem ein Grundschüler unserer Stadt irgendeinen wichtigen Preis gewonnen hatte. Mom verdrehte die Augen.

»Psst«, machte es hinter mir. Anscheinend gab es noch andere Leute, die sich langweilten. Ich drehte mich um.

Gypsy hielt mir ein paar Briefe entgegen. »Eure Post.«

Ich fand, das war eine gute Idee, die Zeit zu nutzen. Ich zog ebenfalls einige Briefe aus meiner Tasche und reichte sie Gypsy. »Hier. Die sind für dich.«

Im Handumdrehen nutzten alle Anwesenden die Gelegenheit, ihre falsch zugestellte Post untereinander auszutauschen. Jegliche Form von Briefen – Liebesbriefe, Rechnungen, Mahnungen und so weiter – wechselten unter Murmeln und Raunen von den hintersten Reihen in die vorderen, von den Plätzen am rechten Rand zu denen am linken oder quer durch die ganze Versammlung zu ihren richtigen Adressaten.

Taylor, der ein Feind jeder Form von Unordnung ist, blickte sich einen Moment lang überrascht um. In seinen Augen blitzte es ärgerlich. Dann nahm er den Holzhammer, der auf dem Rednerpult bereitlag, und klopfte heftig damit auf das Pult.

»Also, Freunde, unser Zusammentreffen artet wieder einmal in Chaos aus. Ich schlage vor, wir vertagen die Sitzung. Nehmen Sie sich ein kostenloses Exemplar des ›Überglücklichen Donut‹ mit!«, rief er in die Menge. »Die Sitzung ist hiermit geschlossen.« Er legte den Hammer hin und wollte gehen.

In diesem Moment sprang Mom neben mir wie von einer Springfeder in die Höhe katapultiert auf. »Moment, Taylor!«, rief sie. »Wir wollten doch unsere Pläne für die Renovierung des *Dragon Inn* vorstellen.«

Übertrieben entrüstet baute Taylor sich vor dem Rednerpult auf. »Was? Jetzt? Das fällt Ihnen aber spät ein.«

Wenn ich in diesem Moment Mom gewesen wäre, hätte ich große Lust gehabt, diesem spießigen Zuckerbäcker an die Gurgel zu gehen.

Mom aber setzte ihr bezauberndstes Lächeln auf. »Aber Taylor! Sookie und ich, wir waren die ganze Zeit hier. Sozusagen als Verkörperungen eines offiziellen Punkts auf der Tagesordnung. Und außerdem war es doch Ihre Idee gewesen, dass wir die Pläne hier vorstellen. Eine hervorragende Idee, wie ich finde«, sagte sie mit noch gewinnenderem Lächeln.

Taylor ist eitel und feige. »Na gut«, knickte er sofort ein. »Dann muss ich die Anwesenden bitten, sich noch ein wenig zu gedulden«, sagte er, während sich alle schon wieder setzten.

»Also«, begann Mom, sobald sie sich mit Sookie und Michel, der als weiterer Teilhaber des Hotels ebenfalls zu diesem Abend gekommen war, auf dem Podium aufgebaut hatte. »Wie Sie bereits gehört haben, beabsichtigen wir, das *Dragon Inn* zu einem Hotel umzubauen.«

»Eines der ältesten und schönsten Häuser von ganz Stars Hollow«, warf Taylor von der Seite ein. »Es steht unter Denkmalschutz.«

»Das ist richtig«, sagte Mom. Immer noch lächelte sie verbindlich, wofür ich sie über alle Maßen bewunderte. »Es steht unter Denkmalschutz, und wir werden alles tun, damit es wieder in seinem alten Glanz erstrahlt und darüber hinaus ...«

Pieps! Pieps! Pieps! Irgendwo klingelte ein Handy.

Mom sah verwirrt in die Menge. Aber das Piepsen

kam nicht aus dem Zuschauerraum. Es kam direkt – aus Moms Hosentasche.

»Äh, Moment bitte«, sagte sie. Sie nahm das Handy und betrachtete das Display. »Ein Anruf von zu Hause?« Sie sah mich fragend an.

»Von zu Hause? Das kann nicht sein. Wir sind hier«, stellte ich mit Nachdruck fest. Mag ja sein, dass ich manchmal Züge einer multiplen Persönlichkeit habe. Aber in diesem Moment befand ich mich definitiv hier, im Versammlungsraum des Rathauses. Ich konnte Mom also nicht von zu Hause aus auf dem Handy anrufen. Geschweige denn, dass Mom selbst es hätte sein können.

»Mo-Moment bitte«, sagte Mom, während sie sich vom Rednerpult entfernte und Sookie an ihren Platz schob. »Mach du hier weiter. Ich bin gleich wieder da«, raunte sie Sookie zu. Damit stürzte sie hinaus, und ich folgte ihr so schnell ich konnte.

»Hallo?«, rief Mom in ihr Handy, sobald wir draußen waren.

»Lorelai?«, antwortete es vom anderen Ende der Leitung. »Hier ist Kirk. Auf Ihrem Anwesen ist eingebrochen worden. Der Alarm wurde ausgelöst. Ich bin ihm nachgegangen und habe eine Verdächtige in Ihrer Garage gestellt. Weiblich, ungefähr 18 Jahre alt, Koreanerin.«

Ich konnte mir bestens vorstellen, wie Kirk, in Uniform und mit Wachschutzmütze auf dem Kopf in unserem Vorgarten stand und diese Meldung machte. Und ich konnte mir auch bestens vorstellen, wie Lane, die mit ihrer Band in unserer Garage geprobt hatte, neben ihm stand und tobte.

»Oh, Kirk«, sagte Mom, und wenn ihre Stimme so

sanft klingt, ist sie meistens genervt. »Das ist Lane. Rorys Freundin. Sie kennen Sie doch!«

»Ich hatte gedacht, ich kenne sie«, antwortete Kirk. »Aber ich fürchte, sie ist Mitglied einer kriminellen Vereinigung geworden.«

»Nein«, antwortete Mom. »Das ist keine kriminelle Vereinigung. Das ist nur ihre Band. Hören Sie, Kirk, ich schicke Rory los, um die Sache aufzuklären«, sagte Mom und suchte mit den Augen mein Einverständnis. Ich nickte. Dann lief ich los.

»Und um einer weiteren Verhaftung vorzubeugen: Meine Tochter hat braune Haare, blaue Augen und ist einen Meter siebenundsechzig groß«, hörte ich Mom noch sagen.

3

Ich bin mir nicht ganz sicher, was an diesem Samstagabend in Stars Hollow im Einzelnen gelaufen ist. Ich weiß nur von zwei Dingen, bei denen ich aber in beiden Fällen nicht selbst anwesend war.

Die eine Sache passierte noch im selben Moment, in dem Mom und ich vor dem Rathaus standen und mit Kirk telefonierten: Taylor schloss Knall auf Fall die Sitzung. Ich weiß nicht, wie er es geschafft hat, Sookie und Michel davon abzuhalten, die Pläne für das *Dragon Inn* weiter vorzustellen. Wahrscheinlich hat er sich auf irgendeinen speziellen Paragrafen der Gemeindeordnung berufen, wonach eine Sitzung geschlossen werden muss, wenn draußen jemand telefoniert, wenn eine spezielle Wetterlage herrscht, oder wenn ein Haufen entfesselter junger Männer den Abschied eines Kumpels in den Hafen der Ehe feiert. Womit ich schon auf das zweite Ereignis an diesem Abend anspiele, an dem ich nicht persönlich anwesend war. Kurz und gut: Taylor schloss die Sitzung, und Mom hatte alle Mühe, ihn auf den letzten Hauch einer Chance festzunageln, um die Renovierung doch noch durchziehen zu können. Taylor hatte ihr nämlich klipp und klar gesagt, dass auf dieser Bürgerversammlung ohnehin nichts entschieden worden wäre, sondern dass vor jeder Entscheidung ein Ortstermin der Denkmalschutzkommission stehen würde. Daraufhin einigten sich Mom und Taylor auf diesen Ortstermin, und zwar schnell, weil Mom schon für den kommenden Montag die Handwerker bestellt hatte. Sie einigten sich auf den nächsten Tag. Auf Sonntag. Und zwar auf sechs Uhr früh!

Während Mom sich darauf freute, nur wenige Stunden später wieder einen Termin mit Taylor zu haben, zogen ein paar Ecken weiter ein paar Jungs durch die Gegend. Sie verabschiedeten einen Kumpel aus ihren Reihen. Dean, der ab morgen als braver Ehemann alles andere im Sinn haben würde, als die Nächte durchzusaufen. Was ihm – soviel ich weiß – noch nie richtig bekommen ist.

Was genau an diesem Abend gelaufen ist, weiß ich nicht. Ich ahne aber, dass die Jungs irgendwann bei Luke gelandet sind. Weil ›Lukes Diner‹ der einzige Laden in der Stadt ist, bei dem man zu späterer Stunde noch etwas bekommen kann. Und wenn es nur ein Kaffee ist oder vielleicht auch ein unvermutetes Bett, weil der Held des Abends, der zukünftige Ehemann, nicht mehr stehen kann. Wer weiß? Im Nachhinein denke ich mir jedenfalls, irgendwas muss da gelaufen sein, während Luke sich um den armen Besoffenen kümmerte. Eine Art Geständnis von Dean oder so etwas. Ich wage mir nicht auszumalen, was es gewesen sein mag. Vielleicht etwas in der Art wie: »Rory. Oh, mein Gott. Rory. Sie war die Richtige. Sie fehlt mir so. Und morgen heirate ich eine andere.«

Ich werde wohl nie dahinter kommen. Denn wenn man so ein Muffel ist wie Luke, dann ist man von Natur aus wortkarg. Und ich denke, in diesem speziellen Fall wird er erst recht schweigen wie ein Grab.

Ich glaube, so früh wie an diesem Morgen ist Mom noch an keinem Sonntag zuvor aufgestanden. Pünktlich um fünf vor sechs traf sie sich mit Sookie vor dem *Dragon Inn*, um die Denkmalschutzkommission in Empfang zu nehmen. Und während die Denkmalschützer ihrer Arbeit nachgingen, vertrieben sich Sookie und Mom die Zeit damit, sich gegenseitig die unangenehmsten Tätigkeiten aufzuzählen, die sie kannten – und die sie in diesem Moment dennoch lieber getan hätten, als das Urteil der Kommission zu erwarten.

»Die Fliesenfugen im Bad mit einer Zahnbürste schrubben«, schlug Sookie vor.

»Oh, ja«, stimmte Mom zu. »Oder die Zähne mit superfeiner Zahnseide säubern.«

»Wie wäre es mit einem ausländischen Film ohne Untertitel, durch den man sich quälen muss?«, brachte Sookie einen neuen Vorschlag.

»Oder Topflappen häkeln im Handarbeitsunterricht?«, spielte Mom einen ganz persönlichen Trumpf aus.

In diesem Moment kam Miss Patty aus dem Haus. Ihre Gewänder wallten und wogten, während sie mit ihren ehemals schlanken Tänzerinnenbeinen die Stufen der Veranda hinabstapfte.

»Wunderbar!«, rief sie Mom und Sookie im Vorübergehen zu. »Wirklich ein Schmuckstück, dieses Haus. Und was man alles daraus machen kann!«

Mom lief zu ihr. »Bitte, Patty, du musst uns helfen. Taylor will uns nicht mal die Bäder neu machen lassen. Er behauptet, dass es zu der Zeit, als das Haus gebaut wurde, noch überhaupt keine Bäder in den Häusern gegeben hätte. Es hätte einen Brunnen gegeben und dann noch draußen diese kleinen Häuschen mit dem Herz in der Tür ...«

Für einen kurzen Augenblick zeichnete sich auf Miss Pattys Gesicht Abscheu ab, der aber im nächsten Moment zunächst in Mitleid und dann in Bedauern überging. »Ach, Engelchen, das tut mir Leid«, wiegelte sie ab. »Aber ich kann es mir mit Taylor doch nicht verscherzen. Ich muss demnächst mein Tanzstudio renovieren und dafür brauche ich eine Genehmigung von ihm.«

»Ach, Patty«, bat Mom, und ich kann mir bestens vorstellen, wie hübsch sie in diesem Augenblick ausgesehen haben muss. »Kannst du denn nicht so eine winzige Kleinigkeit für uns tun?« Sie zeigte mit Daumen und Zeigefinger einen Abstand von weniger als einem halben Zentimeter an.

In diesem Moment warf Miss Patty einen kurzen Blick über ihre Schulter und zuckte wie von der Tarantel gestochen zusammen. »Huch! Oh, mein Gott, er sieht uns«, raunte sie Mom zu. Taylor war gerade aus dem Haus auf die Veranda getreten. »Taylor sieht uns miteinander reden. Tut mir Leid, Kind, wir können uns ja ein anderes Mal weiter miteinander unterhalten.« Damit rauschte sie mit ihren wogenden Gewändern und klimpernden Ketten davon.

»Lorelai, kann ich Sie kurz sprechen?«, rief Taylor in diesem Moment Mom zu.

»Aber sicher!« Mom setzte ihre strahlendste Miene auf und lief zu Taylor hinüber.

Taylor hielt das Klemmbrett mit seinen Notizen vor sich und legte nachdenklich den Kopf zur Seite. »Dieses Haus braucht viel Liebe«, stellte er fest.

»Viel Liebe?«, wiederholte Mom. »Oh, die haben wir. Sookie und ich und auch Michel.«

Taylor neigte den Kopf nun zur anderen Seite. »Die

Veranda«, sagte er dann und deutete mit dem Kopf auf die überdachte Terrasse an der Vorderseite des Hauses. »Die ist voller Termiten und absolut baufällig. Das ist ein Sicherheitsrisiko.«

Mom lächelte. »Ach ja?«, sagte sie. »Na gut. Dann wird sie abgerissen.«

Entsetzt wich Taylor zurück. »Abgerissen?«, fragte Taylor. »Nein, nein«, sagte er. »Sie können sie nicht abreißen. Sie hat größten historischen Wert.«

Zum Glück war Mom auf diesen Einwand vorbereitet. »Nein, diese Veranda nicht«, entgegnete sie. »Die ist erst gut zwanzig Jahre alt.«

Taylor sah Mom an. »Hören Sie, so geht das nicht«, sagte er und klang fast schon nachsichtig. »Wenn wir alles, was wir bauen, nach gut zwanzig Jahren wieder abreißen – wo sollen wir dann jemals historische Gebäude herbekommen?«

Mom stutzte einen Moment lang. Hatte sie vorhin nicht richtig gehört oder erst jetzt nicht? »Taylor, diese Veranda ist baufällig«, stellte sie noch einmal klar.

»Weswegen Ihre Gäste nicht darüber laufen dürfen«, stimmte Taylor begeistert zu.

»Sollen meine Gäste darüber fliegen?«, erkundigte sich Mom freundlich.

»Nein, nein«, antwortete Taylor jovial. »Sie können eine Brücke darüber bauen. Natürlich nur, wenn Sie das richtige Material verwenden«, schränkte er allerdings ein und hob zur Unterstützung seiner Worte den Zeigefinger. »Aber warten Sie, ich habe eine Idee«, sagte er dann, und Mom horchte auf.

Eine Idee? Eine Idee von Taylor? Eine Idee vielleicht die ihr tatsächlich weiterhalf?

»Sie verkleiden einfach die ganze Veranda mit Plexiglas«, schlug Taylor mit vor Begeisterung leuchtenden Augen vor. »Dann haben Sie beides: Sicherheit für Ihre Gäste und die Bewahrung des historisch Wertvollen.«

Einen Moment lang hätte es Mom fast die Sprache verschlagen. »Plexiglas?«, fragte sie nach. »Auf der ganzen Veranda?«

Taylor nickte. »Auf der ganzen Veranda«, bestätigte er.

Ich weiß nicht, ob meine Mom jemals einen Kurs in Selbstverteidigung gemacht hat. Vielleicht war es ja auch nur ein Grundkurs in Wald-und-Wiesen-Prügelei. Jedenfalls packte sie Taylor plötzlich mit größter Präzision genau am richtigen Punkt des Revers seiner Jacke und zog ihn mit geballten Fäusten an sich.

»He, Vorsicht, meine Jacke. Ich will noch in die Kirche«, zeterte Taylor.

»Hören Sie, Taylor«, zischte Mom, ohne auf ihn zu hören. Und ich bin sicher, sie sah in diesem Moment umwerfend aus. Denn soviel ich weiß, sind Frauen, wenn sie wütend sind, besonders schön. »Was habe ich Ihnen eigentlich getan? Warum machen Sie mir das Leben so schwer? Ich kaufe bei Ihnen ein und esse Ihr Eis. Ich respektiere Sie, und ich habe Sie noch nie verletzt – abgesehen von der Sache mit den Papierkügelchen damals auf der Bürgerversammlung. Aber ich wollte Sie nicht ins Auge treffen, und ich habe mich auch entschuldigt. Also: Sagen Sie mir, was ich tun kann, damit Sie aufhören, mich zu quälen und ich anfangen kann, das *Dragon Inn* zu renovieren. Sagen Sie es mir, hier und jetzt!«

Je wütender Mom ihn angesehen hatte, umso nervöser war Taylor geworden. »Ich ... ich will nur einen Eiswagen«, platzte er jetzt heraus. »Einen schönen Eiswagen, bei dem ich mittags die Glocke läuten kann. So wie früher der Eiswagen in meiner Kindheit.«

Eigentlich hätte Mom ihren Griff jetzt lockern können. Aber sie war wohl zu verdattert. »Einen Eiswagen?«, wiederholte sie ungläubig.

»Ja, einen Eiswagen«, wiederholte Taylor fast schon beleidigt. »Ich will ihn auf die Straße stellen. Aber wenn ich das tue, berühre ich damit ein Stück, das zu Lukes Laden gehört. Sie haben doch Einfluss auf ihn«, sagte Taylor jetzt kleinlaut.

Mom ließ Taylor noch immer nicht los. »K-kann sein«, stammelte sie. Offenbar nahm das Gespräch eine für sie völlig unerwartete Wendung.

»Wenn Sie mal mit Luke reden könnten und ihn dazu bringen, dass er zustimmt ...«, fing Taylor noch einmal vorsichtig an.

»... dann hört dieser Wahnsinn auf?«, beendete Mom ungläubig den Satz für ihn. »Dann können wir hier tun und lassen, was wir wollen? Und Sie legen uns keine Steine mehr in den Weg?«

»Natürlich nur, wenn es Ihnen nichts ausmacht«, setzte Taylor seinen eigenen Worten hinzu.

Augenblicklich ließ Mom Taylors Jacke los. »In Ordnung«, sagte sie. Sie zog die Revers gerade und klopfte Taylor ein wenig Staub vom Jackett. Dann stapfte sie los, auf dem kürzesten Weg zu Luke.

Erleichtert drehte Taylor sich um. »In Ordnung, Leute!«, rief er den Mitgliedern der Denkmalschutzkommission zu. »Das war's für heute. Ich freue mich, dass wir unsere Mission so erfolgreich erfüllen konnten!«

Mom wählte tatsächlich den kürzesten Weg zu Luke. Was in diesem Fall bedeutete: querfeldein, durch ein wenig Gebüsch und Gestrüpp, über ein paar Wiesen und – als Krönung – durch einen kleinen Fluss, den Potter's Creek.

Luke war gerade dabei, Früchte für seinen selbst gepressten Obstsaft zu schneiden. An einigen Tischen saßen bereits die ersten Gäste. Ein verführerischer Duft von Kaffee lag in der Luft.

Für diesen hatte Mom an diesem Morgen allerdings keinen Sinn. Auch wenn ihre nassen Füße vielleicht eine kleine Erwärmung von innen ganz gut hätten gebrauchen können. Der Potter's Creek hatte selbst im Sommer keine Badetemperatur. Geschweige denn im frühen Herbst.

»Was spricht gegen den Eiswagen?«, fragte Mom, während sie ins Diner stürmte.

Luke sah von seinem Schneidebrett auf. »Wie bitte?«

»Was spricht gegen den Eiswagen?«, wiederholte Mom und unterstützte ihre Frage mit heftigen Gesten. Ich glaube, das hatte sie sich während unserer Europareise in Italien abgeguckt. Und ich muss sagen, bei Mom wirkte es in der Regel äußerst überzeugend.

Leider nicht auf Luke. Er sah sie wortlos an und schaltete offenbar auf stur – sein zweiter Zustand, neben dem Muffel-Modus.

»Okay, das Haus gehört dir«, fuhr Mom deswegen eindringlich fort. »Die Straße aber nicht. Die Straße ist öffentlich, und allerhöchstens die Gemeinde kann Taylor verbieten, dort seinen Eiswagen aufzustellen. Damit wir uns recht verstehen«, sagte Mom, während sie zum Tresen trat, hinter dem Luke stand und sie unverändert bockig ansah. »Ich gehe hier nicht weg, bevor du nicht zugestimmt hast.«

»Ehrlich gesagt, ich weiß nicht so genau, wovon du sprichst«, warf Luke ein.

Wenn Mom eins nicht haben kann, dann ist es, wenn man sich blöd stellt.

»Jetzt red dich nicht heraus«, forderte sie Luke deswegen auf. »Wenn du Taylor erlaubst, seinen dämlichen Eiswagen mitsamt Glocke neben deinem Laden auf der Straße zu parken, kann ich endlich anfangen, das Hotel zu renovieren. Es liegt natürlich ganz bei dir«, kam sie Luke vermeintlich entgegen. »Du kannst Nein sagen. Dann sparst du dir den albernen Wagen mit seinem Gebimmel. Dafür wirst du aber meinen leblosen Körper an dem Baum dort gegenüber ansehen müssen«, sie deutete auf den Baum vor Lukes Laden, »weil ich mich dann dort aufknüpfen werde«, schloss sie erschöpft.

Luke sah sie einen Moment lang an. »Gut«, sagte er dann mit der Andeutung eines Schulterzuckens.

Mom stutzte. »Wie – gut?«

»Gut«, wiederholte Luke. »Taylor soll seinen Wagen hinstellen, wo er will.«

Mom strich sich eine Haarsträhne aus der Stirn. Sie wirkte etwas abgekämpft. Kein Wunder, bei der Aufregung. »Und warum ... warum hast du dich vorher geweigert?«

Luke goss eine Tasse Kaffee ein und schob sie Mom hin. »Aber ich habe mich doch gar nicht geweigert«, sagte er. »Okay, das mit der überdimensionalen Eiswaffel damals«, meinte er dann und drückte nachdenklich die Augen zusammen, als müsse er sich weit zurückerinnern, »stimmt, das wollte ich nicht. Aber das ist lange her.

Einige Monate. Von einem Eiswagen ... weiß ich überhaupt nichts«, schloss er und sah Mom wieder an.

Meine Mutter hat dunkle Haare und eine helle Haut. Sie sieht ein bisschen aus wie Schneewittchen. So blass, wie sie jetzt allerdings wurde, hat Schneewittchen höchstens ausgesehen, als es die Zwerge in den gläsernen Sarg packten. »Taylor ... er ... er hat dich überhaupt nie gefragt?«, stammelte sie leichenblass.

Luke zuckte die Schultern. »Nein.«

»Aber du ... du wärst einverstanden?«, fuhr Mom ungläubig fort.

»Ja. Klar. Ist doch 'ne öffentliche Straße«, antwortete Luke maulfaul.

»Das heißt, es wäre ... unnötig gewesen, dass ich so leide?«, fuhr Mom fort, und ihre mehr als blasse Haut nahm plötzlich wieder Farbe an. Zornesröte, um es genau zu sagen.

»Wahrscheinlich«, meinte Luke stoisch.

Ich weiß nicht, was er als Nächstes von Mom erwartete. Ich für meinen Teil hätte wilde Freudentänze mit kleinen akrobatischen Einlagen für angemessen gehalten. Für diese hätte Mom mittlerweile auch Publikum gehabt. Denn der Gottesdienst war in der Zwischenzeit zu Ende gegangen, und während die Läden in Stars Hollow allmählich öffneten, kamen auch immer mehr Gäste zu Luke, um zu frühstücken.

Anstatt akrobatische Übungen vorzuführen, verfiel Mom allerdings in eine flammende Rede darüber, wie schmutzig die Geschäftswelt doch sei. Was Luke, der sich mit seinem Restaurant ja irgendwie auch zur Geschäftswelt von Stars Hollow zählte, mit erstaunlicher Gelassenheit über sich ergehen ließ. Vielleicht auch deswegen, weil Mom in aller Öffentlichkeit erklärte, dass sie sich ab sofort ebensolcher schmutziger Methoden bedienen wollte.

Und vielleicht war es so, dass sich der maulfaule Luke einfach wieder mal seinen Teil dachte, anstatt Mom zu widersprechen und ihr zu sagen, dass es dazu wohl kaum kommen würde. Dass es ihr so, wie er sie kannte, aller Wahrscheinlichkeit nach einfach nicht gelingen würde, ihre Geschäfte auf schmutzige und heimtückische Weise abzuwickeln.

Denn dann wäre sie nicht die gewesen, die sie ist: Lorelai Gilmore, meine coole Mom und der heimliche Schwarm aller Männer.

4

Um es mal kurz vorwegzunehmen: Ich bin gestern Abend nicht verhaftet worden und meine Freundin Lane auch nicht.

Als ich zu Hause ankam, stand Lane noch immer mit Kirk vor unserer Garage, neben ihr fünf oder sechs Jungs – die Typen, die sich als Gitarristen für die Band beworben hatten und die in unserer Garage vorgespielt hatten. Ich versuchte an Lanes Gesichtsausdruck abzulesen, ob die Sache zu ihrer Zufriedenheit verlaufen war. Aber so sehr sie auch über ihre Eltern motzt, die so traditionell sind – manchmal ist meine Freundin durch und durch Koreanerin, und ihr eisernes Lächeln verrät nichts von ihrer wahren Gefühlsregung.

»Wir sehen uns morgen«, rief sie mir zu, während sie den Jungs durch ein Zeichen zu verstehen gab, dass die Probe beendet sei. Dann zog sie ab. Aber selbst ihrem Rücken konnte ich ansehen, dass sie diesen Abend für unwiderruflich verdorben hielt.

Am nächsten Morgen erhob ich mich mit extrem gemischten Gefühlen aus meinem Bett. Einerseits ist ein Sonntag in Stars Hollow ungefähr das Gemütlichste, was ich mir vorstellen kann. Ich liebe es, lange zu schlafen, mit Mom in die Stadt zu gehen und ein bisschen zu shoppen und irgendwann bei Luke einen Kaffee zu trinken.

Heute sah das Programm ein bisschen anders aus. Mom war längst unterwegs zu ihrem Ortstermin beim Hotel. Wir hatten verabredet, uns später in der Stadt zu treffen. Mom hatte gesagt, dass sie sich gleich nach der Begehung des Hotels um die Salatschleuder für Dean und Lindsay kümmern wollte, und ich versprach, zu ihr zu stoßen.

Diese Salatschleuder, die Mom besorgen wollte, war auch in etwa das, was mir die gemischten Gefühle an diesem Morgen bereitete. Nein, natürlich nicht die Salatschleuder selbst. Aber eben doch der Zweck, wozu sie angeschafft wurde: Deans Hochzeit.

Bis dahin waren es noch ein paar Stunden, und ich war froh, auf dem Weg in die Stadt erst einmal Lane über den Weg zu laufen.

Es war ganz klar: Sie war immer noch vergrätzt wegen des gestrigen Abends. Klar, es ist sicher kein Vergnügen, sich mit überkorrekten, selbst ernannten Gesetzeshütern wie Kirk auseinander setzen zu müssen. Nach und nach schwante mir aber, dass es etwas ganz anderes war, was Lanes Laune so in den Keller geschickt hatte. Etwas, das sie wesentlich mehr nervte als Kirks Diensteifer ...

»Die Probe war also ein echter Reinfall?«, fragte ich, nachdem wir ein paar Schritte miteinander gegangen waren. Offenbar traf ich den Nagel auf den Kopf.

Lane nickte grimmig. »Das kann man wohl sagen«, antwortete sie. »Von den Gitarristen, die wir zum Vorspielen eingeladen hatten, war einer schlechter als der andere.«

Ich bin ja keine Musikerin. Ich habe keine richtige

Ahnung davon, was ein Gitarrist können muss und was nicht. Aber vielleicht ist das ja gerade das, worin Lane und ich uns so gut ergänzen: in unseren Lücken. Während sie nie die Schönheit eines Gedichts von Robert Burns in Verzückung versetzen wird, werde ich niemals heraushören, was einen *guten* Gitarristen von einem *erstklassigen* unterscheidet.

»Ihr habt also noch keinen Ersatz gefunden?«, hakte ich noch mal nach.

»Davon kann überhaupt keine Rede sein«, antwortete Lane und winkte ab. »Ehrlich gesagt, ich weiß noch nicht mal, ob es sich bei den Typen wirklich um Gitarristen gehandelt hat. Gut, sie haben irgendwie auf den Gitarren herumgedroschen. Aber eigentlich ... eigentlich taten sie mir nur Leid.«

»Sie taten dir Leid?«, fragte ich nach. »Wer denn jetzt? Die Typen oder die Gitarren?«

»Beide«, antwortete Lane wie aus der Pistole geschossen. »Die Typen auf jeden Fall auch. Aber die Gitarren noch viel mehr.« Sie sah tatsächlich ein bisschen frustriert aus.

Ich versuchte ihr meine Anteilnahme zu zeigen. »Wo sind nur die vielen guten jungen Musiker heutzutage?«, seufzte ich, während wir die Straße vor Dooses Laden überquerten.

Lane zuckte die Schultern. Klar, wenn sie es gewusst hätte, hätte sie ihr Problem ja schon so gut wie gelöst gehabt.

»Weißt du was?«, fragte sie, sobald wir die gegenüberliegende Straßenseite erreicht hatten. »Ich glaub, ich muss mir erst mal etwas Gutes tun. Ich geh ins Musikgeschäft und guck mir alle teuren Sachen an. Kommst du mit?«

»Tut mir Leid«, antwortete ich. »Aber ich hab nicht so viel Zeit. Ich bin mit Mom verabredet. Und nachher muss ich ... du weißt schon«, sagte ich und deutete mit dem Kopf auf den Platz in der Mitte der Stadt, auf dem sich gegenüber der Kirche der Pavillon erhob – fragil wie ein aus Zucker gezogener Aufbau auf einer Torte. Der Ort, an dem Dean in wenigen Stunden seine Hochzeit mit Lindsay feiern würde.

Lane biss sich auf die Lippen. »Ach ja, stimmt«, sagte sie. »Also dann ... Ich denk an dich«, schob sie noch hinterher, während sie sich bereits auf den Weg zum Musikladen machte. Und ich war ihr echt dankbar, dass sie sich ein »Viel Spaß« verkniffen hatte.

Ich weiß nicht, ob es daran lag, dass ich Deans Hochzeit gerade explizit erwähnt hatte. Ich meine, es gibt doch dieses Phänomen, dass man glauben kann, etwas existiere nicht, solange man seinen Namen nicht ausspricht. Jetzt aber war es urplötzlich so weit. Ich hatte die Worte »Deans Hochzeit« ausgesprochen. Und ich glaube, erst in diesem Moment wurde mir überhaupt klar, was das eigentlich bedeutete.

»Hey, Rory«, sagte auf einmal eine Stimme.

Ich sah auf. Es war Luke. Er musste gerade aus Dooses Laden gekommen sein – ohne dass ich es bemerkt hatte.

»Luke, oh, hallo«, sagte ich überrascht. Ich war einfach zu sehr in Gedanken gewesen, in Gedanken an Dean.

Auch Luke schien irgendwie ein bisschen überrumpelt zu sein. »Äh, weißt du, wo deine Mom ist? Ich hab gedacht, ich finde sie vielleicht dort«, sagte er und deutete mit dem Daumen über die Schulter auf Dooses Laden.

»Mom ist unterwegs«, antwortete ich. »Erst zum Hotel, und dann will sie ein Geschenk für Dean besorgen. Zu seiner Hochzeit. Ich dachte, ich treffe sie noch«, fuhr ich fort. »Aber entweder, wir sehen uns noch mal zu Hause oder gleich in der Kirche.«

Jetzt wurde Luke irgendwie hektisch. »Hat Lorelai ihr Telefon eingeschaltet?«, fragte er.

»Das funktioniert heute Morgen nicht«, antwortete ich – ich hatte es nämlich auch schon versucht. Vergeblich. »Wahrscheinlich ist der Akku leer, oder ...«

»Kann ich sie sonst irgendwie erreichen?«, fiel Luke mir ins Wort.

Ich sah ihn verwundert an. Luke und Aufregung, das passt irgendwie nicht zusammen. »Stimmt was nicht?«, erkundigte ich mich vorsichtshalber.

»Doch, doch«, wehrte Luke ab. »Alles klar. Ich muss ihr nur was sagen.«

Ich weiß nicht, um welche Art von Geheimnis es sich handelte, und es wäre wohl das Einfachste gewesen, wenn Luke das, was er zu sagen hatte, einfach mir gesagt hätte. Dann hätte ich es Mom schon ausgerichtet. Aber ich wollte ihn auch nicht dazu auffordern, mir irgendetwas anzuvertrauen, was vielleicht nur für Moms Ohren bestimmt war. Ein Heiratsantrag oder was weiß ich.

»Hör zu, Luke, wir kommen später bei dir vorbei«, versprach ich. »Nach Deans Hochzeit, da können wir einen Kaffee sicher gebr-...« Weiter kam ich nicht.

Lukes Gesichtsausdruck veränderte sich plötzlich. Eigentlich kenne ich genau zwei Gesichtsausdrücke an ihm: seinen ganz normalen, etwas verschlossenen, wenn er sich im Muffel-Modus befindet (was ja meistens der Fall ist), und dann diese Momente, in denen plötzlich ein kleines Licht in seinem Gesicht angegangen zu sein scheint. Das ist meistens dann der Fall, wenn Mom ihm gegenübersteht.

Der Gesichtsausdruck aber, den Luke jetzt zeigte, war mir vollkommen unbekannt. Seine Augen hatten etwas Dunkles und Trauriges. Und gleichzeitig etwas unglaublich Liebevolles und Einfühlsames.

»Rory«, sagte er, und seine Stimme klang so, dass ich mich am liebsten sofort in seine Arme geworfen hätte, um mich vor der Welt beschützen zu lassen – wenn ich noch ein kleines Mädchen gewesen wäre und nicht Studentin in Yale.

»Rory«, sagte Luke noch einmal, und mit einem Mal hatte ich das Gefühl, dass Luke das, was er eigentlich Mom hätte sagen wollen, nun mir sagte. Und dass es ihm alles andere als leicht fiel.

»Rory, geh nicht zu dieser Hochzeit«, sagte Luke eindringlich. »Bitte, du und Lorelai, geht nicht zu Deans Hochzeit.«

Es kostete mich ein bisschen Überredungskunst, Mom dazu zu bringen, sich die Sache mit dem Geschenk noch einmal zu überlegen. Denn kaum dass Luke und ich auseinander gegangen waren, tauchte sie auf. Mit einer Schachtel unter dem Arm, in die spielend ein Luxusmodell von Salatschleuder gepasst hätte, oder was immer man sinnvollerweise zu einer Hochzeit schenken kann. Eingepackt war das Ganze wie ein typisches Hochzeitsgeschenk: blütenweißes Geschenkpapier und eine überdimensionale Schleife aus Seidenbändern.

»Ich habe etwas«, rief Mom mir schon von weitem zu. »Etwas, das geschmackvoll, hübsch, angemessen und gleichzeitig nicht zu teuer ist.«

Ich hatte keine Ahnung, worum es sich dabei handeln mochte. Und ich wollte es auch nicht wissen. Aber ich war der festen Überzeugung, dass es, wenn all das zutraf, was Mom von diesem Geschenk behauptete, sicher auch ganz hervorragend in unser Haus passte.

Wider alle Vernunft schlich ich mich aber am Nachmittag, während Mom mit Sookie und Michel im zukünftigen *Dragon Inn* verabredet war, in die Stadt. Ich verschanzte mich hinter einem mächtigen Baumstamm, von wo aus ich einen hervorragenden Blick auf den zentralen Platz unserer Stadt, die Kirche und den Pavillon hatte.

Alles sah aus wie im Märchen. Girlanden mit weißen Rosen spannten sich zwischen den Säulen des Pavillons, und weißer Tüll und weiße Schleifen wogten wie Wolken zwischen den Durchbrüchen hervor.

Jetzt gingen die Türen der Kirche auf. Das Brautpaar erschien, eingerahmt von Blumen und Schleifen, blieb auf der Schwelle stehen und küsste sich.

Dann regnete es mit einem Mal Rosenblätter. Zu den Klängen eines Hochzeitslieds liefen Dean und Lindsay die kleine Treppe hinab. Sie hielten sich an den Händen und boten das perfekte Bild eines perfekten Paars. Und sie lächelten in Erwartung ihres zukünftigen perfekten Glücks.

Ich zuckte zurück in den Schutz des Baumstamms und lehnte meinen Kopf an seine dicke Rinde.

Der Hals war mir plötzlich wie zugeschnürt, und in meinen Augen brannte es verdächtig.

Es ist wahr: Das Leben besteht aus Veränderungen, und manchmal muss man die Veränderungen durch äußere Zeichen sichtbar machen.

Dass eines dieser Zeichen aber darin bestehen sollte, dass der erste Junge, mit dem man mal zusammen war, plötzlich der Ehemann einer anderen ist – mit dieser Veränderung hatte ich so schnell noch nicht gerechnet.

5

Es gibt Dinge, an die muss man sich einfach gewöhnen. Es bleibt einem gar nichts anderes übrig.

Genauso, wie ich mich an den Gedanken gewöhnen musste, dass mein ehemaliger Freund Dean ab sofort ein braver Ehemann sein würde, hatte allerdings auch Mom etwas, mit dem sie sich erst einmal anfreunden musste: Kirk hatte ihr offiziell erklärt, dass er es sich zur Aufgabe gemacht hatte, sie zu beschützen. Was Mom ausgesprochen ritterlich fand, wie sie sagte – und womit sie den Nagel auf den Kopf traf. Denn genau auf dieses Stichwort hielt Kirk ihr einen kleinen Vortrag darüber, dass er aus einer alten Ritterfamilie stammte – aus der Alten Welt natürlich; in Amerika hat es nie Ritter gegeben – und dass es von jeher die Aufgabe der Ritter gewesen sei, Frauen zu beschützen und sie aus der Ferne anzubeten. Gut, das mit dem ›von Ferne lieben‹ hat er nicht selbst gesagt. Aber wenn ich überlege, welche Chancen Kirk bei Mom hat, kommt es diesem Zustand doch recht nahe. Wie auch immer – es war jedenfalls gewöhnungsbedürftig, dass Kirk ab sofort das knallgelbe Mini-Auto des Wachschutzdiensts dazu benutzte, Mom durch die Stadt zu folgen, sozusagen als persönlicher Bodyguard, um eingreifen zu können, falls sie in brenzlige Situationen geriet. Und bis Kirk sich diese Marotte wieder *abgewöhnte*, würde gewiss einige Zeit vergehen ...

Als ich an einem der nächsten Wochenenden von Yale nach Hause kam, saß Mom auf der Wiese unseres Vorgartens. Ja, richtig gelesen! Meine Mom, die kaum ein Gänseblümchen von einem Veilchen unterscheiden kann, saß im Garten und buddelte in der Erde.

»Hi, Mom!«, rief ich ihr zu, während ich aus dem Auto ausstieg. »Was machst du denn da?«

»Ich arbeite im Garten«, antwortete Mom. Es klang, als hätte sie noch nie in ihrem Leben etwas anderes getan.

Ich konnte es kaum fassen. »Du tust ... was?«, fragte ich daher noch mal nach.

»Ich arbeite im Garten«, wiederholte Mom. »Ich bin die geborene Gärtnerin. Komm her und sieh es dir an, falls du es nicht glauben kannst.«

Ich konnte es tatsächlich nicht glauben. Ich schwang meine Tasche über meine Schulter, ging zu ihr und hockte mich neben sie.

Mom hielt ein spitzes Ding in der Hand und stocherte damit im Boden herum. Neben ihr im Gras lag eine Plastiktüte mit einem unidentifizierbaren Inhalt. Noch bevor ich etwas sagen konnte, warf Mom mir die Tüte zu. Ein Gestank von Moder und Fäulnis stieg mir in die Nase.

»Iiih!«, machte ich. »Was ist das denn?«

»Blumenzwiebeln«, antwortete Mom. »Babette hat sie mir geschenkt. Allerdings schon vor ein paar Wochen. Ich hatte sie in der Garage vergessen«, setzte sie mit gesenkter Stimme hinzu.

»Babette hat dir Blumenzwiebeln geschenkt?«, wiederholte ich ungläubig. »Warum das denn?« Gleichzeitig warf ich einen Blick zum Nachbarhaus. Hinter einer Brigade von Gartenzwergen, die wohl dazu da waren, das nachbarliche Anwesen zu hüten, machte sich unsere Nachbarin Babette gerade auf der Veranda zu schaffen. Ihre langen blonden Haare leuchteten in der Herbstsonne. Allerdings konnten auch sie nicht darüber hinwegtäuschen, dass Babette durchaus zur Gruppe der reiferen Frauen zählte. Was wohl auch ein Grund dafür war, warum sie Mom und mich immer wieder gern in den Genuss ihrer Fürsorge kommen ließ. Ob wir wollten oder nicht.

»Babette findet, es könnte mich von dem Gefühl der Leere und des Verlusts ablenken, das ich empfinde, seitdem du am College bist«, antwortete Mom belustigt.

Ich hatte eigentlich nicht das Gefühl, dass Mom unter meinem Wechsel nach Yale allzu stark litt. Und der Hauch eines Zweifels, den ich einen Moment lang spürte, wurde von Moms blitzenden Augen im Keim erstickt.

»Meinst du nicht, du solltest sie besser wegwerfen?«, fragte ich mit einem Blick auf die unidentifizierbare Masse in der Tüte.

»Psst!«, machte Mom energisch. »Das kommt überhaupt nicht in Frage. Hier hat alles Augen und Ohren«, tuschelte sie und deutete mit dem Kopf rund um unser Haus und durch den Garten. »Komm, hilf mir lieber«, ermunterte sie mich und drückte mir ihr spitzes Grabegerät in die Hand.

»Aber ich habe überhaupt keine Ahnung von Gartenarbeit«, protestierte ich schwach.

»Hallo, ihr beiden!«, rief es in diesem Moment vom Nachbarhaus herüber. Babette stand mitten in ihrer herbstlichen Dekoration aus Kürbissen, Weinranken und getrockneten Maiskolben. Die perfekte Gärtnerin in ihrem perfekt dekorierten Haus. »Wie geht es denn so?« Schon ihrer Stimme war anzuhören, dass Babette sich wieder einmal voller Power fühlte.

»Gut, Babette, danke«, antwortete Mom. »Ich pflanze gerade die Blumenzwiebeln.«

»Ah, sehr gut«, machte Babette. »Da geht es einem doch gleich besser, nicht wahr?«

»Absolut«, bestätigte Mom.

Ich hatte gar nicht den Eindruck gehabt, dass es ihr vorher schlecht gegangen war.

»Es geht mir ganz hervorragend!«, schloss sie.

Genau das hatte ich eigentlich auch gedacht ...

»Soll ich rüberkommen und dir helfen?«, bot Babette jetzt an.

»Oh, nein, nein, nicht nötig«, wehrte Mom rasch ab. »Ich habe ja Hilfe. Rory ist ja da«, sagte sie und deutete auf meine Hand, mit der ich etwas unfachmännisch das Grabedings umklammert hielt.

»Hallo, Babette!«, rief ich schnell. Babette kann nervig sein – aber im Grunde mag ich sie eigentlich gern.

»Hallo, mein Engel«, rief Babette zurück. »Keine Angst! Ich kümmere mich schon um deine Mom!«, versicherte sie und ich fragte mich, wie es dazu kam, dass Mom in so vielen Menschen Beschützerinstinkte auslöste. Wenn man mich fragt, ist sie äußerst lebenstüchtig.

»Ich bin fast fertig!«, versuchte Mom jetzt mit einem Hinweis auf den Plastikbeutel, das Thema wieder zu wechseln. »Gleich habe ich alle Blumenzwiebeln eingebuddelt.«

»Oh, wunderbar«, schwärmte Babette. »Und warte

nur, bis der Frühling kommt. Dann sprießen eines Morgens alle Farben aus deinem Yin-Yang!«

»Herrlich!«, beeilte sich Mom zu versichern. »Alle Farben. Und aus dem Yin-Yang!«

»Macht's gut, ihr Hübschen!«, flötete Babette uns noch zu. Dann verschwand sie im Inneren ihres Hauses.

»Also, wenn im Frühling Blumen aus diesem Yin-Yang sprießen«, sagte ich und spießte eine vergammelte Zwiebel auf eine kleine Harke, »findest du vielleicht ja auch endlich einen Mann.«

Mom atmete empört ein und aus – genau der Effekt, den ich mir von meiner kleinen Spitze erhofft hatte. Denn dass Mom zu den Frauen in Stars Hollow gehört, die die meisten Chancen bei den Männern haben, ich glaube, das muss ich nicht noch mal eigens erwähnen. Es ärgerte sie aber trotzdem, wenn ich so tat, als hätte sie einfach keinen abbekommen.

»Diese Ansammlung von Schimmelsporen«, setzte ich meine Rede fort, »ist für mich jedenfalls das ekligste Ding auf der ganzen Welt.«

Mom schlug die Zwiebel mit einer kleinen Schaufel von meiner Harke, sodass sie als Schimmelsporen-Geschoss durch den Garten flog. Allzu weit her war es mit ihrer gärtnerischen Leidenschaft also doch nicht.

»Reden wir von etwas anderem«, schlug sie vor. »Wie läuft es denn so in Yale?«

»Alles bestens«, antwortete ich. Nicht, dass ich unbedingt darauf gewartet hatte, dass Mom sich erkundigte. Aber natürlich freute ich mich doch. »Es ist nicht ganz einfach«, fuhr ich fort. »Aber es ist schon okay.«

»Und wie kommst du mit deinen Mitbewohnerinnen klar?«, erkundigte sich Mom.

»Vielleicht ist dieses Kapitel das schwierigste überhaupt«, antwortete ich, konnte mir dabei ein kleines Grinsen aber nicht verkneifen. »Mit Tanna gibt es überhaupt keine Probleme. Aber Janet und Paris haben ständig Ärger miteinander. Janet steht jeden Morgen um halb sechs auf, um joggen zu gehen. Davon wird Paris wach. Und durch das anschließende Wortgefecht der beiden werden Tanna und ich auch noch aus dem Schlaf gerissen«, erklärte ich, während ich abwesend den Beutel mit den Blumenzwiebeln nahm und eine Zwiebel herausholte.

»Iiiiih!« Als ich realisierte, was ich da in den Fingern hielt, war es schon zu spät. Ein grünlich schimmerndes, verschrumpelte Etwas, das entsetzlich stank, klebte in meiner Hand! Im Affekt schleuderte ich es von mir. Leider direkt auf meine Mom.

»Aaaah!«, kreischte jetzt auch sie. Sie hatte die Zwiebel mit einem großartigen Reflex wie ein Baseballspieler aufgefangen – mit ihrem etwas zu großen Gartenhandschuh. Auf dem Sportplatz hätte es jetzt Punkte gegeben. Aber auch nur, wenn Mom das Ding wenigstens kurz mal festgehalten hätte. Davon aber konnte keine Rede sein. Mom ließ die Zwiebel fallen wie eine heiße Kartoffel. »Ein Fleck, das Ding hat einen riesigen Fleck gemacht! Das ist ja widerlich!«, schrie sie.

»Tut mir Leid, das war keine Absicht«, beteuerte ich. »Ich wollte dich nicht treffen.« Aber es half nichts. Es entwickelte sich ein freundschaftliches Handgemenge, währenddessen ich den Verdacht nicht loswurde, dass es auch eine kleine Retourkutsche wegen meiner Bemerkung vorhin über Moms Chancen bei Männern war. Jedenfalls gelang es Mom rein zufällig, die Schmiere aus

Zwiebelmatsche und Schimmelsporen auf mein Kapuzenshirt zu applizieren.

»Oh, Entschuldigung!«, rief sie. »Das war ein Reflex.«

»Ein Reflex?«, wiederholte ich, und in meiner Stimme mischten sich ein kleiner Teil echte Empörung und Ekel mit echtem Spaß an dieser netten Rangelei. »Dass du mein Shirt versaust? Du hast dieses Shirt doch noch nie gemocht!«

»Dem kann ich nicht widersprechen«, antwortete Mom grinsend.

In diesem Moment zwickte mich etwas in die Beine, und ich erinnerte mich dunkel, dass wir genau an der Stelle, an der ich gesessen hatte, im vergangenen Sommer den Eingang zu einem Ameisenbau entdeckt hatten.

»Au, Hilfe!«, schrie ich auf. »Sie krabbeln mir die Beine hinauf! Sie krabbeln mir die Beine hinauf!« Ich sprang auf einem Bein herum, während ich das Hosenbein des anderen Beins so weit es ging über mein Knie hinaufzog.

Mom war bereits bei mir und wedelte mit dem Gartenhandschuh die Ameisen von meinem Bein. »Warte! Ich habe sie!«, rief sie. »Die sind ja riesig …« Sie verpasste meinem Bein ein letzten energischen Hieb, und mit den verdammten Ameisen, die Mom auf diese Weise wieder zu Boden befördert hatte, stürzte auch ich ins Gras.

Mom ließ sich lachend neben mich fallen. »Ich wusste nicht, dass Gartenarbeit so aufregend sein kann«, sagte sie und schnappte nach Luft.

Ich sah hinauf in die Krone unseres Kastanienbaums. Die Sonne schien durch die Blätter, deren Ränder sich bereits rostrot gefärbt hatten. Ameisen und schimmlige Blumenzwiebeln hin oder her – es tat gut, mit Mom hier im Gras zu liegen, ein bisschen albern zu sein und sich gleichzeitig so ganz geborgen zu fühlen.

Vielleicht war es ja doch so, dass wir uns manchmal gegenseitig vermissten.

»Trotzdem«, fasste ich ein Schlusswort zusammen. »Wenn Babette dir noch mal eine Tüte mit Blumenzwiebeln schenkt, gegen die Einsamkeit, dann ...«

»Dann sage ich: ›Nein danke‹«, beendete Mom den Satz.

Ich schloss die Augen. Ein paar letzte, herbstliche Sonnenstrahlen wärmten mir das Gesicht.

»Sehr gut, Lorelai Gilmore«, sagte ich. »Und hiermit ist der Kurs beendet.«

Mit Janet und Paris war es tatsächlich so, wie ich es Mom berichtet hatte. Erst in dieser Woche war ich durch heftiges und unerwartetes Öffnen unserer Zimmertür sehr unsanft aus dem Schlaf gerissen worden. Das Geräusch war sogar durch die Ohrstöpsel hindurch zu hören, die ich nachts trug, seitdem ich in Yale eine Wohneinheit mit drei Mitbewohnerinnen teilen musste. Nicht, dass es im Haus meiner Mutter immer nur klösterliche Stille gegeben hatte – aber meine Wohngemeinschaft im College machte alle Erinnerungen an die Ruhe, die man als Mädchen aus einem verschlafenen Ort wie Stars Hollow eine Kindheit lang gewöhnt war, in wenigen Wochen zunichte.

»Mach wenigstens das Fenster auf!«, drang die schrille Stimme meiner Mitbewohnerin Paris in meine Träume. Ich hatte zwar das Gefühl, gerade erst eingeschlafen zu sein. Dennoch war ab diesem Moment an Schlaf nicht mehr zu denken.

»Hier stinkt's wie in einer Umkleidekabine!«, schickte Paris wütend hinterher. Dann warf sie die Tür ins Schloss.

Das war der Moment, in dem ich endgültig wach war. »Hat ... hat der Wecker schon geklingelt?«, wollte ich von Paris wissen.

Ich bin mir mittlerweile sicher, dass es ein Schicksal gibt, von dem wir Menschen im Laufe unseres Lebens immer wieder geprüft werden. Indem wir zum Beispiel im College mit unseren Erzrivalinnen in ein und demselben Zimmer landen.

»Der Wecker?«, wiederholte Paris abschätzig. »Den habe ich abgeschaltet. Wer braucht schon einen Wecker, wenn morgens ab halb sechs Miss Olympia-Barbie im Nachbarzimmer trainiert? Ich liebe es, um diese Zeit aufzuwachen. Besonders, wenn ich die Nacht vorher bis in die Puppen gelernt habe!«, setzt sie schreiend hinzu.

Sie rauschte durchs Zimmer und packte ihre Tasche für ihre Vorlesungen – mit einem Lärm, den bei dieser an sich völlig unspektakulären Tätigkeit nur Paris erzeugen konnte. Niemand sonst wäre dazu in der Lage!

Ich wälzte mich auf die andere Seite. »Wie spät ist es denn eigentlich?«, murmelte ich müde.

Paris hörte gar nicht zu. »Dieses Keuchen von nebenan und dieses Stöhnen!«, zeterte sie weiter. »Das ist geradezu obszön. Weißt du eigentlich, dass sie dabei Selbstgespräche führt? ›Komm schon, Janet! Nur noch ein bisschen, Janet!‹«

Mühsam rappelte ich mich auf und sah auf den Wecker. »Was?«, entfuhr es mir.

»Den Feind nicht zur Ruhe kommen lassen. Ihn niemals schlafen lassen. Das ist eine ganz alte Masche!«, schimpfte Paris ungerührt weiter.

»Paris!«, rief ich. »In fünf Minuten gibt es kein Frühstück mehr. Warum hast du mich nicht geweckt?«

»Also, Moment mal«, schnaubte Paris. »Jetzt dreh den Spieß nicht herum! Ich bin schon das Opfer dieses Psychoterrors von nebenan. Soll ich jetzt auch noch dafür verantwortlich sein, dass meine Mitbewohnerinnen pünktlich aufstehen, damit sie dienstags ihre Waffeln zum Frühstück bekommen?«

Es hatte keinen Zweck. Paris spuckte Gift und Galle – wie so oft. Ich sprang in aller Eile aus dem Bett, schwang mir meinen Bademantel über und ließ Paris einfach stehen.

Es ist in Yale nicht gerade üblich, im Bademantel, mit einem verwaschenen T-Shirt, einer schlabberigen Schlafanzugshose und Pantoffeln zum Frühstück zu erscheinen. In gewisser Weise kontrastiert das mit dem gediegenen, alterwürdigen Ambiente des Colleges. Aber jetzt hatte ich keine andere Wahl, sofern ich den Vormittag nicht mit knurrendem Magen in meinen Übungen sitzen wollte. Ich betrat den Speisesaal und konnte nur hoffen, in meinem höchst privaten Outfit nicht weiter aufzufallen.

Das Angebot an der Speisetheke war schon beträchtlich zusammengeschrumpft. Kein Obst mehr, keine Cornflakes und keine Milch. Immerhin konnte ich mir die letzte Waffel sichern. Dann ging ich zu den Getränken: Ich stellte einen Becher unter den Kaffeebehälter und drückte den Hebel. Zwei, drei müde Tropfen rollten heraus, dann war Schluss.

Oh, nein! Kein Kaffee am Morgen! Und das mir! Ohne Waffel den Tag zu beginnen, das hätte ich ja noch ausgehalten. Aber ohne Kaffee – dafür stand ich jetzt in Puschen und Morgenmantel mitten im Speisesaal der ehrwürdigen Yale-Universität!

»Rory?«, sagte zu allem Überfluss in diesem Moment eine Stimme neben mir.

Ich drehte den Kopf. Es war ... Marty! »Oh, hallo, Marty«, sagte ich, und ich glaube, ich bekam in diesem Moment eine feuerrote Bombe. Nicht etwa, weil ich Marty einen besonders smarten Typ gefunden hätte. Sondern weil ich hier im Bademantel – und das mitten im Speisesaal wohlgemerkt! – vor ihm stand.

Auch Marty wurde knallrot. »Du ... du kennst mich noch?«, stotterte er.

»Natürlich«, sagte ich. »Ich bin ja auch im Vorteil. Ich hab ja nicht bewusstlos im Flur gelegen.«

Zack! Da war es wieder! Mein Tourette-Syndrom. Diese Unbeherrschbarkeit der Worte. Und das bei einer Studentin der Literaturwissenschaft! Liebend gern hätte ich meinen letzten Satz rückgängig gemacht. Und so wie ich die Dinge einschätzte, wäre es Marty auch lieber gewesen. Ich meine, wer wird schon gern an Momente erinnert, in denen er sturzbetrunken im Flur der ehrwürdigen Yale-Universität liegt und mitleidigerweise von einer Mitstudentin mit einem weißen Damen-Bademantel zugedeckt wird? Selbst wenn dieser Bademantel jetzt – von seiner Besitzerin selbst getragen – als einziges Exemplar seiner Gattung an einem Ort auftauchte, wo er eigentlich nicht hingehörte.

Marty und ich waren daher beide ganz froh, als Marty einen Versuch machte, das Thema zu wechseln.

»Bist du heute vielleicht ein bisschen spät dran?«, fragte er.

Meine Erleichterung war im selben Moment wieder verflogen. »Ja, ich, äh, mein Wecker hat nicht geklingelt«, antwortete ich und schickte ein Stoßgebet zum Himmel, damit sich der Boden öffnete, jetzt und auf der Stelle, und ich samt Bademantel und Frühstückswaffel darin verschwinden konnte. Vergeblich.

»Falls du nicht mehr genug bekommen hast«, fuhr Marty mit einem Blick auf mein Frühstückstablett fort. »Ich kann dir etwas abgeben. Komm doch mit an meinen Tisch. Ich hol mir immer genug für zehn.«

»Oh, danke«, antwortete ich schnell. »Es ist schon okay ... ich esse morgens gar nicht viel ...« In Wirklichkeit ging es mir natürlich darum, so schnell wie möglich wieder mit meiner Beute aus dem Speisesaal zu verschwinden. Ich halte mich nicht gern in aller Öffentlichkeit im Bademantel auf. Aber hätte ich das Marty noch ausdrücklich auf die Nase binden müssen?

Offenbar schon.

»Ich könnte dich auch gleich meinem Frühstücksclub vorstellen«, fuhr er nämlich fort. »Ich meine, wir sind kein eingetragener Verein oder so etwas. Aber wir haben irgendwann angefangen, miteinander zu stühfrücken, äh, ich meine zu frühstücken ...«

Wieso war er eigentlich so nervös? Ich meine, wenn sich hier jemand in Grund und Boden schämen musste, dann doch wohl ich in meinem Penner-Outfit!

»Ehrlich gesagt, ich würde lieber an einem anderen Tag, wenn ich vielleicht komplett angezogen bin ...«, warf ich ein. Aber Marty schob mich schon an einen der nächsten Tische, an dem drei Jungs saßen und frühstückten.

»Hört mal her, Jungs«, unterbrach Marty ihr Gespräch.

»Ich möchte euch Rory vorstellen. Leute, das hier ist Rory.«

Zwei, drei Worte wurden noch über den Tisch gewechselt, dann hatten sich alle drei Köpfe in meine Richtung gedreht. Verblüffung malte sich zunächst auf den Gesichtern der Jungen, dann verzogen sich alle drei Münder zu einem breiten Grinsen.

»Ah!«, machte einer wissend.

Ein anderer sagte: »Der Bademantel!«

»Diesmal mit seiner Besitzerin«, fügte der Dritte hinzu.

»Ich ... ich habe ihnen von deiner guten Tat erzählt«, erklärte Marty stotternd. »Dass du mich zugedeckt hast, mit deinem Bademantel ...«

»Echt, eine gute Tat«, ergänzte der Typ mit der Mütze auf dem Kopf.

»Nicht der Rede wert«, wollte ich gerade abwinken.

»Wir haben ihn auch alle mal angezogen«, setzte der Mützenträger jetzt dahinter. »Der Reihe nach.«

»Ein schönes Stück«, meinte der mit der Brille.

»Aber die Häschen-Pantoffeln sind auch nicht schlecht«, meinte der Junge mit den dunklen Locken und erhob sich ein wenig, um meine Füße besser sehen zu können.

In diesem Moment schwor ich mir, mir nie mehr solche albernen Pantoffeln zu kaufen. Egal, ob es Häschen, Mäuschen oder überdimensionale Tigerfüße waren.

Ich fand, es war jetzt Zeit, wieder zu gehen. »Vielen Dank«, steckte ich das Kompliment für meine Häschen-Schuhe noch cool ein. »War nett, euch kennen zu lernen. Ich muss jetzt leider wieder los ...« Damit wandte ich mich ab.

Im selben Augenblick klebte Marty wieder an meinen Fersen. »Oh, Rory, entschuldige bitte! Ich hab dich bloßgestellt.«

»Schon gut«, knurrte ich. Obwohl ich ihm leider Recht geben musste.

»Ich hatte dich nur einfach mal ansprechen wollen ...«, jammerte er.

»Und das war vorher nicht möglich?«, fragte ich. Warum sind Jungs manchmal bloß so furchtbar kompliziert?

»Ich habe mich so geschämt, wegen dieser Nacht neulich«, sagte Marty. »Ich meine, ich hab ja schließlich splitterfasernackt auf dem Flur gelegen. Und darum bin ich in den letzten Tagen immer in Deckung gegangen, wenn ich dich irgendwo gesehen habe. Aber jetzt, wo du in diesem Aufzug erschienen bist, da dachte ich ...« Er suchte plötzlich nach Worten. »Da dachte ich, jetzt ist die Gelegenheit, meine Scharte auszuwetzen.«

»Die optimale Gelegenheit«, stimmte ich seufzend zu.

»Bitte, Rory, du musst mir glauben. Ich habe es nicht böse gemeint«, bettelte Marty weiter. Er sah mich an wie ein kleiner Junge, der aus Ungestüm einem anderen Kind die Sandkuchen kaputtgemacht hat. »Ich hatte nur das Gefühl: Jetzt ist er da! Der Augenblick, in dem ich alles wieder ins Lot bringen kann.«

Und ich glaubte ihm sogar, dass er es nicht als Revanche gedacht hatte, mich in diesem Outfit seinen Freunden vorzustellen. Sondern dass er sich endlich mal aufgrund meines etwas ›anderen‹ Aufzugs getraut hatte, mich anzusprechen. »Wenn du meinst«, antwortete ich. »Dann haben wir jetzt also eine Art Gleichstand?« Auch wenn ich nach wie vor der Ansicht bin, dass es einen Unterschied ausmacht, ob man sich splitterfasernackt in der Öffentlichkeit zeigt oder in einem Bademantel und mit Häschen-Pantoffeln.

Marty nickte erleichtert. »Wir haben Gleichstand«, bestätigte er. »Bis bald mal, Rory!«, rief er mir nach, während ich über den Flur zurück zu meiner Wohneinheit ging und die Schöße meines Bademantels im Takt meiner Schritte vor- und zurückwippten.

Ich habe zwar schon einen High-School-Abschluss, und ich bin zuversichtlich, dass ich auch das College in nicht allzu langer Zeit erfolgreich abschließen werde.

Bis ich aber Jungen oder auch Männer verstehen werde – ich fürchte, bis dahin wird es noch ein weiter Weg sein.

6

Ich weiß nicht, woher es kommt, aber ich fürchte, ich habe ein Problem mit Jungen. Früher mit Dean war das anders. Ich hatte nie das Gefühl, zu einem ›Date‹ zu gehen. Wir haben uns einfach getroffen, Dean und ich. Und alles hat sich irgendwie ganz unspektakulär entwickelt. Dass wir uns besser kennen gelernt und uns ineinander verliebt haben, meine ich.

Wenn ich meine Mitbewohnerinnen reden höre, scheinen ›Dates‹ das Wichtigste im ganzen Leben zu sein. Man *muss* sich geradezu mit Jungs treffen, sonst hat man etwas Entscheidendes verpasst. Angeblich. Oder man ist einfach nicht normal. Ebenfalls angeblich. Eigentlich hatte ich gedacht, ich wäre gegen das Geschwätz von Paris und Janet immun. Aber allmählich begann ich mir doch Gedanken zu machen, warum es mir so schwer fiel, mit einem Jungen ins Gespräch zu kommen. Oder besser gesagt, mit einem Jungen, der mir gefiel.

An diesem Tag besuchte ich nachmittags das Seminar über Ernest Hemingway und seine Romane. Ich weiß nicht, wie mir Hemingway als Mann gefallen hätte – ich denke, allzu viel hätte ich mit ihm nicht anfangen können. Ich stehe nicht auf Machos. Aber seine Romane gefallen mir. Auch, wenn ich darin nicht laufend eine

Kritik an der bürgerlichen Gesellschaft las, die meine Studienkollegin Heather in jeder Zeile fand.

Irgendwie hatte sie es mal wieder geschafft, die Diskussion auf den Klassenkampf zu lenken. Ich konnte es schon nicht mehr hören. Und ich war heilfroh, dass mir mein Studienkollege Trevor, der neben mir saß, zur Seite sprang, nachdem ich Heathers These widersprochen hatte, die besagte, dass die Impotenz des Romanhelden ein Protest gegen die Gesellschaft sei.

Etwa eine halbe Minute später beendete unser Kursleiter das Seminar – natürlich nicht, ohne darauf verwiesen zu haben, dass wir bei unserer nächsten Stunde an exakt derselben Stelle weitermachen würden. Darauf freute ich mich jetzt schon. Ha, ha.

»Oh, Mann«, sagte Trevor zu mir, während sich alle erhoben. »Wieso ruft Heather nicht gleich ›Proletarier aller Länder, vereinigt euch‹?«

»Keine Ahnung«, sagte ich und schwang mir meine Tasche auf die Schulter. »An ihr ist eine zweite Rosa Luxemburg verloren gegangen.«

»Sag mal«, begann Trevor, während wir gemeinsam über den Flur gingen. »Hast du am Wochenende schon was vor?« Er ließ seine kleine Wasserflasche von einer Hand in die andere gleiten. Etwa so, wie andere Leute Däumchen drehen.

»Ich werde lernen und schlafen«, antwortete ich. »Falls das in meiner Wohngemeinschaft möglich ist«, schloss ich einschränkend.

»Ah, gut«, beeilte sich Trevor zu sagen. »Das hatte ich auch vor. Und wie sieht es mit Essen aus? Isst du auch?«

»Ja«, bestätigte ich. »Viel und gern.«

»Kennst du das ›Pancia di Lucca‹?«, wollte er nun wissen. Ich hatte das Gefühl, dass er plötzlich ein bisschen aufgeregt war. »Das soll sehr gut sein.«

»Nein, bisher kenne ich es noch nicht«, antwortete ich wahrheitsgemäß.

»Ich will am Samstag dorthin. Lass es uns doch ausprobieren«, schlug Trevor vor. »Gemeinsam, meine ich.«

»Tut mir Leid«, antwortete ich rasch. »Aber diesen Samstag geht es nicht. Ich will ja lernen. Vielleicht demnächst mal, irgendwann«, meinte ich. »Du kannst mir ja mal erzählen, wie es war.«

Ich gebe zu, das klang nicht besonders ermunternd. Sollte es auch nicht.

In Trevors Augen schien bis eben eine kleine Laterne geleuchtet zu haben. Jetzt verlosch sie urplötzlich. »Okay«, sagte er, und seine Stimme klang trocken. »Mach ich. Mach ich gern.«

Und Augenblicke später musste jeder von uns in eine andere Richtung.

Ich will nicht verschweigen, dass meine Mom auch ein Problem hat. Damit meine ich nicht das Problem, dass sie nicht verheiratet ist. Zumal sie selbst diesen Umstand auch nicht als Problem empfindet. Eher sogar als einen Vorteil. Womit ihre Meinung im direkten Gegensatz zu der meiner Grandma Emily, Moms Mutter, steht. Es hat meine Großmutter von vornherein gestört, dass Mom erstens mit sechzehn Jahren schwanger geworden war und dass sie zweitens meinen Vater nicht geheiratet hatte. Mom sagt immer, dass dies das Beste gewesen war, was sie hatte tun können. Auch wenn mein Dad kein unsympathischer Typ ist. Aber es wäre einfach nicht gegangen. Für Mom jedenfalls nicht.

Das Verhältnis zwischen Mom und ihren Eltern aber war seitdem nicht immer spannungsfrei. Und mir war völlig klar, dass während der zwei Tage, die ich seit letztem Wochenende in Yale verbracht hatte, Grandma mindestens einmal bei Mom angerufen hatte, um sich zu vergewissern, dass wir auch an diesem Freitag wieder zum Abendessen kommen würden.

Dass ich schon nach zwei Tagen wieder nach Hause fuhr, hatte seinen Grund: der Waschkeller des College.

Ich schloss unsere Haustür auf und wuchtete den riesigen Wäschekorb vor mir her durch den Flur.

»Hey, Schatz!« Mom fuhr überrascht herum. Sie hatte gerade zwei Schachteln Pizza auf den Wohnzimmertisch gelegt. Wie bitte? Zwei Schachteln Pizza? Für wen war denn die zweite? Mom konnte doch gar nicht wissen, dass ich komme.

Ich schluckte meine Verblüffung herunter und stellte meinen Wäschekorb ab. »Ich muss Wäsche waschen«, klärte ich sie auf. »Im College muss man die Wäsche sofort aus der Maschine nehmen, sobald sie fertig ist. Sonst kommt irgendein ungeduldiger Mensch, holt sie heraus und wirft die saubere Wäsche irgendwo hin. Am liebsten irgendwo hin, wo es dreckig ist: auf den Boden, auf die dreckige Waschmaschine oder gleich in den Müll.«

Mom grinste. Anscheinend stellte sie sich die Sache ganz lustig vor. Ich fand sie allerdings weniger komisch. »Und zu den unerschöpflich großen Mengen an Lese- und Lernstoff, darf ich jetzt meine Wäsche auch noch zweimal waschen!«, schimpfte ich.

»Das ist echt ungerecht«, meinte Mom. »Du solltest dein Studium aus Protest sausen lassen.«

Im ersten Moment lag mir ein »Bist du verrückt?« auf

der Zunge. Dann fiel mir ein, dass Mom öfter solche Dinge sagt. Zum Beispiel, wenn sie mich daran erinnern will, dass es mir eigentlich ganz gut geht. Zum Beispiel, weil ich kein schreiendes Baby habe, das einen noch viel mehr vom Studium abhalten kann als eine Maschine voll Wäsche, die man doppelt waschen muss – wie das bei ihr in meinem Alter der Fall war.

»Okay«, sagte ich. »Ich werde darüber nachdenken.« Dann beugte ich mich zu den Pizzaschachteln herab, um mir ein Stück herauszugreifen.

»Moment«, fiel Mom mir aber in den Arm. »Die ist nicht für uns.«

Was ich mir fast gedacht hatte. »Für wen ist sie denn?«, fragte ich.

In diesem Moment wurde unsere Haustür stürmisch geöffnet. Lane rauschte herein. Ziemlich hektisch.

»Ich habe nur fünf Minuten«, sagte sie. »Wo ist die Pizza?«

»Hier«, sagte Mom und drückte Lane ein Stück in die Hand.

»Meine Mutter hat den gesamten Okra-Bestand der westlichen Welt aufgekauft«, erklärte sie, während sie sich ein paar Bissen in den Mund schob. »War ein Schnäppchen, sagt sie.«

Ich weiß, wie sehr meine Freundin Okraschoten hasst. Und auch mich durchzuckte bei dem Gedanken an diesen Geschmack ein leichter Widerwillen.

»Ich sehe echt einer traurigen Zukunft entgegen«, fuhr Lane fort. »Ein Studium auf dem Adventisten-College und eine Mutter, die ihre Begeisterung für Internetbestellungen entdeckt hat ... Kann ich bitte noch ein Stück Pizza haben?«

Während Lane sich ihre Pizza in den Mund schob und es dennoch schaffte, dabei pausenlos zu reden, überlegte ich, ob an Babettes Verdacht nicht doch etwas dran war: Ob meine Mom sich seit meinem Weggang nach Yale nicht doch manchmal einsam fühlte. Oder was brachte sie sonst dazu, meine Freundin heimlich anzufüttern wie eine streunende Katze, während ihre Mutter zu Hause das Essen auf den Tisch stellte? (Okay, es waren Okraschoten. Aber trotzdem ...)

Irgendetwas piepste. Zunächst dachte ich an die Mikrowelle in der Küche.

Aber Lane sah auf ihre Uhr. »Ich muss wieder weg«, sagte sie. »Vielen Dank, ihr beiden!«, rief sie im Hinausgehen. »Ihr seht übrigens toll aus.« Zack – schon war die Tür wieder zu.

Ich weiß, dass »Taifun« chinesisch ist und »großer Wind« bedeutet. Es hätte mich interessiert, wie »Wirbelsturm« auf Koreanisch heißt. Möglicherweise »Lane«.

»Hoffentlich muss sie auf dem Heimweg nicht kotzen«, meinte Mom. »Bei der Geschwindigkeit, mit der sie das Zeug in sich hineingestopft hat.«

Ich zuckte die Schultern. »Ich stecke jetzt erst mal meine Wäsche in die Waschmaschine.«

»Halt. Willst du nicht erst mal deiner Mama erzählen, was in der Zwischenzeit so in Yale passiert ist?«, hielt mich Mom zurück.

Zugegeben, ich hatte vielleicht etwas halbherzig geklungen. Jedenfalls musste Mom nicht allzu viel Überredungskunst aufbieten, um mich aufs Sofa zu ziehen und mir ein Stück von Lanes Pizza in die Hand zu drücken. Sie sah mich erwartungsvoll an, und ich sprudelte auch gleich los.

Ich erzählte ihr von den Streitereien zwischen Paris und Janet und davon, wie sie sich mit den kindischsten Dingen aneinander rächten. Das Ganze klang fast wie eine dieser Internatsgeschichten, die ich als Kind so gern gelesen habe. Aber es war die reine Wahrheit. Der Alltag an einem College im Hier und Heute, im modernen Amerika.

Irgendwie hatte ich aber den Eindruck, dass diese Sachen gar nicht die Geschichten waren, die Mom wirklich hören wollte. Erst als ich an die Stelle kam, als ich wegen Paris und Janet zu spät zum Frühstück gekommen war und Marty traf, begannen ihre Augen zu leuchten.

»Marty?«, fragte sie nach. »Ist das nicht der Typ, der nackt auf dem Flur gelegen hat?«

»Doch, genau der. Ich stand also mit diesen idiotischen Häschenpantoffeln im Speisesaal, und es war total peinlich ...«

»Warum?«, fiel Mom mir ins Wort. »Weil der nackte Typ so heiß ist?«

Ich sah sie verdutzt an. »Nein! Weil Häschenpantoffeln peinlich sind. An einem College jedenfalls.«

Mom schien irgendwie auf etwas anderes hinauszuwollen. »Dann ist der nackte Typ also nicht heiß?«, hakte sie nach.

Ich seufzte unterdrückt. Manchmal kommt Mom mir vor wie ein Teenager. Ein Teenager, der ganz verrückt ist auf die Liebesgeschichten einer älteren Freundin. »Also, es ist ein bisschen anders, als du denkst. Marty ist ganz nett, aber ...«

»Ganz nett bedeutet: Er hat einen miesen Po?«, versuchte Mom meine Worte zu interpretieren.

Ich wusste nicht, wie sie darauf kam. »Nein, ganz nett

heißt einfach ganz nett. Das hat mit seinem Po überhaupt nichts zu tun.«

»Aha«, machte Mom. Sie überlegte einen Augenblick. »Gibt es denn einen anderen Typen am Horizont? Einen, der vielleicht nicht nackt ist, aber ein bisschen mehr als nur ›ganz nett‹?«

Allmählich überlegte ich, ob ich nicht doch besser meine Wäsche waschen gehen sollte. Ich ahnte, worauf dieses Gespräch hinauslaufen würde. Andererseits: Kneifen fand ich meinem Status als Studentin auch nicht angemessen. Erwachsen werden heißt eben auch, knifflige Situationen durchzustehen. »Ein Typ hat mich gefragt, ob ich am Samstag mit ihm essen gehen will.«

Mom rutschte auf die Sofakante und setzte sich kerzengerade hin. »Und? Was hast du gesagt?«

»Ich habe gesagt, dass ich lernen muss«, antwortete ich mit der größten Selbstverständlichkeit.

Mom war sichtlich verblüfft. »Wie – magst du ihn nicht?«

»Doch, er ist okay«, antwortete ich. »Er ist freundlich und klug. Er sieht gut aus und ist in Diskussionen häufig meiner Meinung.«

»Na also«, rief Mom aus. »Das ist doch perfekt!«

»Ich weiß nicht«, wiegelte ich ab. »Irgendwie ist er auch komisch. Er hat immer eine kleine Flasche Wasser bei sich«, erklärte ich und merkte im selben Moment, wie absurd dieses Argument war. Was spricht gegen Wasser trinken? »Er sieht immer so gepflegt aus und außerdem«, holte ich meinen letzten Trumpf aus der Tasche, »außerdem geht er nächstes Jahr weg. Nach Barcelona, um dort zu studieren. Ein Date wäre also nur Zeitverschwendung. Es würde zu gar nichts führen.«

Noch bevor ich den Mund richtig geschlossen hatte, war mir klar, dass Mom widersprechen würde.

»Zu einem Kinobesuch oder einem Essen könnte es immerhin schon führen«, sagte sie. »Oder betrachtest du das auch als Zeitverschwendung?«

Spätestens in diesem Moment war mir wirklich klar, worauf Mom hinauswollte. »Mom«, maulte ich. Aber es war ein zu schwacher Versuch, ihr den Wind aus den Segeln zu nehmen.

»Hör zu, Rory«, begann sie. »Du hattest noch nie ein richtiges Date.«

»Was ist das denn für ein Blödsinn?«, fuhr ich auf. »Natürlich hatte ich schon Dates. Viele sogar. Denk an Dean ...«

»Das waren keine Dates«, fiel Mom ein. »Ihr ward ein Paar.«

»... und an Jess«, fuhr ich fort.

»Mit dem warst du auch zusammen. Also keine Dates«, konstatierte Mom.

Es gab nur eine Möglichkeit, Mom von ihrem Date-Trip abzubringen: nämlich den Spieß herumzudrehen.

»Na gut«, sagte ich. »Dann hatte ich eben keine Dates. Du aber auch nicht.«

Moms Augen wurden groß. »Wie bitte? Ich hatte keine Dates? Und wo kommst dann bitteschön du her?«

»Das war Dad. Ihr hattet eine Beziehung«, schlug ich Mom mit ihren eigenen Waffen.

»Ja, aber ...«, wollte Mom etwas entgegnen.

»Dann gab es noch Max«, zählte ich an meinem Zeigefinger auf, »mit dem hattest du auch eine richtige Beziehung, und dann wieder Dad. Noch eine Beziehung.

Also«, konstatierte ich triumphierend: »Du hattest auch keine Dates.«

»Moment mal!«, meinte Mom. »Vielleicht bin ich ein schlechtes Beispiel. Mag sein. Aber ich finde, du solltest es wenigstens mal versuchen. Dates zu haben, meine ich. Du gehst doch jetzt aufs College und was kann man denn sonst noch so auf dem College machen, außer Dates zu haben?«

Ich sah Mom an. War das jetzt ihr Ernst oder nicht? Ich seufzte. Dann stand ich auf. »Ich gehe jetzt mal meine Klamotten waschen«, erklärte ich. Und ich war froh, einer weiteren Vertiefung des Gesprächs auf diese Weise zu entkommen.

Jeder hat so seine Sorgen. Mom zerbrach sich schon seit einiger Zeit den Kopf über die Inneneinrichtung des zukünftigen *Dragon Inn*. Ich wusste, dass sie in den nächsten Tagen mit einer hochkarätigen Einrichtungsberaterin verabredet war. Und während sie in ›Lukes Diner‹ über Tapeten, Wandfarben und Stoffen für die Vorhänge brütete, brütete ich in Yale über Hemingway und die komplizierten Beziehungen zwischen Männern und Frauen.

Irgendwie war das Gespräch mit Mom nicht ganz spurlos an mir vorübergegangen. Nicht, dass ich fand, dass man in erster Linie aufs College ging, um Dates zu haben. Aber dass das College ein Ort war, an dem man die besten Bedingungen hatte, Leute kennen zu lernen, und zwar ganz unterschiedliche Leute, das stimmte natürlich schon. Und außerdem tat mit Trevor plötzlich Leid.

Wie sehr ich ihn mit meiner Absage für Samstagabend

verletzt hatte, merkte ich daran, dass er sich im Seminar von mir wegsetzte. Neben Heather! Und das wollte wirklich etwas heißen.

Ich gebe zu, es fiel mir nicht ganz leicht, der letzten Seminarstunde über Hemingway die erforderliche Aufmerksamkeit entgegenzubringen. Meine Gedanken kreisten nicht um den »Schnee am Kilimandscharo«, sondern um das Hier und Jetzt.

Als der Seminarleiter die Stunde beendete, gab ich mir endlich einen Ruck.

»Hey, Trevor«, sagte ich so unverkrampft wie möglich. »Das Seminar war wirklich klasse heute, nicht wahr?«

Trevor sah mich nur kurz an und klappte sein Heft zu. »Hm«, antwortete er. »War echt interessant.« Dann – nichts weiter.

»Äh, ich kann es immer wieder gar nicht fassen«, fuhr ich etwas hektisch fort. Eigentlich hatte ich erwartet, dass Trevor mindestens einen Satz mehr sagen würde. »Dass wir hier sitzen, um uns über Literatur zu unterhalten. Ich tue nämlich nichts lieber, als mich über Bücher zu unterhalten.«

Komm schon!, dachte ich. Sag etwas! Sag: Oh, ja, ich auch.

Aber Trevor sagte nichts. Er schob seine Bücher in seine Tasche.

»Dicke Bücher, meine ich«, fuhr ich etwas konfus fort. »Oder auch dünne. Egal. Solange sie gut sind. Manche sind natürlich auch schlecht«, schränkte ich mit einem nervösen Lachen ein. »Aber ein dickes Magazin tut's natürlich auch ...«

Eigentlich hätte er jetzt als Literaturstudent doch

etwas antworten müssen. Aber Trevor nahm bloß seine Tasche. »Bis nächste Woche«, sagte er und lächelte. Freundlich zwar, aber irgendwie kühl.

»Hey, Trevor!«, rief ich ihm nach, während er bereits den Seminarraum verließ. Ich musste jetzt mehr auf eine Karte setzen. »Wenn ich lese, bekomme ich immer schrecklichen Hunger. Ich finde, lesen und essen, das gehört irgendwie zusammen.« Okay, es war kompletter Blödsinn, was ich da redete. Aber das erlebte ich ja nicht zum ersten Mal. Im Gespräch mit einem Jungen jedenfalls. »Und wenn wir über das Wochenende mit dem nächsten Buch für das Seminar anfangen sollen ...«

Endlich blieb Trevor stehen. Er sah mich aufmerksam an.

»Ich meine, so ein ganzes Wochenende lesen ... da muss man doch ganz schrecklichen Hunger bekommen, vor allem am Samstagabend ...«

So, jetzt war es endlich heraus! Wenn er jetzt nicht anbiss ...

Trevors Augen begannen plötzlich zu leuchten. »Soll das heißen, du willst am Samstagabend doch essen gehen?«

»Ja, denn wie ich schon sagte, ich hab bestimmt Hunger. Also, lass uns etwas essen gehen ...« Vermutlich würde ich diese Nacht noch im Traum von Hunger haben und Essen gehen reden. Aber immerhin war es jetzt so weit.

»Okay, ich hol dich ab«, sagte Trevor. Und ich weiß nicht, wer von uns beiden erleichterter war, dass wir es endlich bis hierher geschafft hatten.

Ich sagte ihm, wo ich wohnte. Dann verabschiedeten wir uns.

»Eins muss man dir lassen, Trevor«, sagte ich, als ich mich noch einmal zu ihm umdrehte. »Du bist ziemlich hartnäckig.«

Und es war geradezu rührend zu sehen, wie stolz ihn dieses Kompliment machte.

Unterdessen hatte Mom in Stars Hollow zwar keine Dates zu arrangieren, dafür hatte sich aber völlig aus dem Nichts ein ganz anderes Problem aufgetan.

Wie sich schnell herausstellte, hatte Natalie, die Innenarchitektin, deren Adresse Mom aus einer Zeitschrift hatte, auch schon im Haus meiner Großeltern gearbeitet. Sie hatte die ganze erste Etage renoviert. Diesen Umstand fand Mom geradezu unerträglich. Nein, nicht dass die erste Etage renoviert worden war. Aber dass Natalie und meine Großmutter Emily zusammen einkaufen gewesen waren, wie Freundinnen, wie Mom und Sookie praktisch. Diese Vorstellung brachte Mom fast um den Verstand. Zumindest behauptete sie das.

Eine Lösung für dieses Problem hatte sie aber nicht. Denn wie Sookie sie zu Recht erinnerte, war Natalie bislang die einzige Innenarchitektin, die zu ihren Ideen passte. Andere Kandidaten, wie zum Beispiel der Einrichtungsberater, der in jedes Zimmer Schaufensterpuppen hatte stellen wollen, damit sich die Gäste nicht einsam fühlten, hatten die beiden einfach nicht überzeugen können.

Ratlos wie sie war, ging Mom erst einmal zu Luke, um einen Kaffee zu trinken. Und es sah ganz so aus, als hätte Luke bereits auf sie gewartet.

»Lorelai, gut dass du kommst«, begrüßte er sie, sobald Mom den Laden betrat. Er nahm einen Haufen Zettel in die Hand und begann der Reihe nach, die darauf befindlichen Notizen vorzulesen:

»Tom hat angerufen. Das Treppengeländer muss erneuert werden. Kosten: etwa 4000 Dollar. Der Bodenfritze lässt ausrichten, er braucht eine Anzahlung für das Eichenparkett. Noch mal 4000 Dollar. Julio, der Landschaftsgärtner hat auch angerufen. Was er genau wollte, habe ich vergessen«, gab Luke zu und kratzte sich kurz am Kopf. »Jedenfalls machte es auch 4000 Dollar.«

Bei jeden 4000 Dollar, die Luke aufzählte, schickte Mom einen Blick zum Himmel. Wenn das mit jedem Anruf so weiterging ...

»*Vickis Pferdebedarf* hat auch angerufen«, fuhr Luke fort und blätterte zum nächsten Zettel. »Sie sagen, Pepper und Gunsmoke wären zwei Pferde, die deinen Vorstellungen entsprächen. Sie geben aber zu bedenken, dass Gunsmoke schnarcht. Die Ställe dürften also nicht zu nah an den Gästezimmern sein. Rory hat auch angerufen. Sie sucht ihre schwarzen Turnschuhe ...« Mit einem Mal knallte Luke völlig unvermittelt sämtliche Zettel auf seine Theke, sodass Mom zusammenzuckte. »Ich bin nicht dein verdammter Anrufbeantworter!«, schrie er.

»Nein, natürlich nicht«, sagte Mom schnell und blinzelte Luke hinter der Brille, die sie heute trug, ein paar Mal freundlich zu. Normalerweise wirkte das Wunder. Selbst bei einem Muffel wie Luke.

Gut, es mochte ja sein, dass sie ihm in der letzten Zeit ein bisschen auf die Nerven gefallen war, wenn sie sich mit ihren Prospekten, Unterlagen und Kostenvoranschlägen und überhaupt allem, was man zu einem Umbau brauchte, an den Tischen seines Ladens breit gemacht hatte. Aber musste Luke denn deswegen so explodieren? Sie versuchte ein extrafreundliches Grinsen.

Aber Luke schimpfte weiter. »Verteilst du etwa Visitenkarten mit meiner Nummer?«

»Na ja«, meinte Mom. »Die Leute wissen eben, dass ich oft hier bin.«

»Ich hab einen Anruf von meinem Metzger verpasst!«, wetterte Luke. »Weil ich mir irgendeinen Quatsch über Nasenscheidewandprobleme eines Pferdes anhören musste. Hat man so etwas schon gehört? Eine krumme Nasenscheidewand bei einem Pferd ...«

»Ich werde allen Leuten sagen, dass sie mich nie mehr hier anrufen sollen!«, rief Mom schnell dazwischen.

»Na gut«, schnaubte Luke und versuchte sichtlich, sich zu beherrschen.

»Aber ist nicht zufällig heute ein Päckchen für mich abgegeben worden?«, schob Mom rasch hinterher. »Oh, nein, vergiss es, vergiss es!«, rief sie dann, als sie sah, dass Luke schon wieder rot anlief.

Um es kurz zu machen: Mom war nicht die Einzige, die Luke an diesem Tag anblaffte. Und nachdem er noch ein paar andere Leute zur Schnecke gemacht hatte, fasste Mom sich ein Herz und fragte ihn, was eigentlich mit ihm los sei.

Und Wunder über Wunder: Luke schüttete Mom sein Herz aus. Jawohl. Ich habe es ja immer schon geahnt. Mom ist die geborene Therapeutin – auch wenn ihre Methoden manchmal etwas unkonventionell sind.

»Hey, Luke«, sagte sie, nachdem klar war, dass Luke wegen einer Frau frustriert war. Wegen Nicole. Mit der er sogar mal verheiratet gewesen war, wenn auch nur für kurze Zeit. Luke hatte eigentlich einen Neuanfang wagen wollen, am Samstagabend. Aber jetzt, so kurz vor dem Wochenende, hatte ihn plötzlich der Mut dazu verlassen.

»Ich habe eine Idee«, begann Mom. Und dann lud sie Luke ein, mit ihr am Samstag Videos zu gucken. Genau das, was Mom und ich sonst jeden Samstagabend miteinander machten: Videos gucken, Chips essen und Cola trinken. Aber da ich an diesem Samstag in Yale bleiben wollte, wäre auch sie allein gewesen. Und war es da nicht besser, wenn sie zusammen allein waren, Luke und sie?

»Okay«, stimmte Luke unter Murren zu, nachdem Mom kurz seinen Kenntnisstand bei Filmklassikern abgefragt hatte. Fazit: Er kannte so gut wie nichts. Es gab also eine Menge aufzuholen. »Ich komme am Samstag um acht zu dir«, brummelte er.

»Abgemacht«, sagte Mom und nahm einen letzten Schluck aus ihrer Kaffeetasse. »Und noch etwas«, sagte sie, während sie seitlich vom Stuhl glitt. »Falls das Päckchen doch noch kommt – kannst du es dann bitte mitbringen?«

Dann verließ sie eilig das Restaurant. Im Rücken Lukes Brüllen wie das eines grimmigen Löwen.

7

Vor den Samstagabend haben die Götter den Freitagabend bei Grandma und Grandpa vorgesehen, und dieser war erst einmal zu bewältigen, bevor die Welt sich weiter Richtung Wochenende drehen konnte.

Ich hatte von Yale aus bei meinen Großeltern angerufen, um auszurichten, dass ich erst ein wenig später bei ihnen eintreffen würde. Ich hatte nämlich auch ohne doppelt zu waschende Waschmaschinen genug am College zu tun.

Weil Moms Handy gerade wieder einmal nicht funktionierte, hatte ich es ihr selbst nicht mehr sagen können. Sie war daher ganz schön überrascht, als ihr Grandmas Dienstmädchen diese Information weitergab, sobald Mom die Diele betreten und dem Dienstmädchen ihre Lederjacke gegeben hatte.

»Rory kommt später?«, wiederholte sie und versuchte in aller Eile, ihre Gedanken zu sortieren. Nichts findet Mom schrecklicher, als sich allein mit ihrer Mutter unterhalten zu müssen. Normalerweise hatte sie mich dabei. Aber heute?

»Äh ... äh, warten Sie«, sagte Mom, bevor das Dienstmädchen ihre Jacke an die Garderobe hängen konnte. »Mir fällt gerade ein, ich habe etwas im Auto liegen lassen. Ich muss unbedingt noch mal raus.« Damit griff sie nach ihrer Jacke und nahm sie mit. »Die ist ganz neu«, sagte sie mit einem entschuldigenden Lächeln. »Ich kann mich noch gar nicht davon trennen.«

In Wirklichkeit hatte Mom überhaupt nichts im Auto liegen lassen. Und die Jacke war keineswegs neu. Mom brauchte sie nur dringend, während sie im Auto auf mich warten wollte. Die Nächte wurden nun allmählich kühler, und es war nicht absehbar, wie lange es dauern würde, bis ich aus Yale bei meinen Großeltern eintraf.

Sobald Mom wieder draußen war, ging sie schnurstracks zum Auto. Sie schloss auf, setzte sich hinein und schaltete das Radio ein.

Die Bee Gees erklangen. »Shadow dancing« – ein uralter Song, den Mom noch aus ihrer Schulzeit kannte. Sogleich fühlte sie sich in ihre Jugend zurückversetzt und begann mitzusingen und zu tanzen, sofern das in einem Autositz möglich war.

Wahrscheinlich zog gerade ihr erster Kuss mit Dad an ihrem geistige Auge vorbei, als energisch von außen an die Fensterscheibe geklopft wurde.

Mom zuckte zusammen. Draußen stand ihre Mutter.

»Was tust du da?«, fragte Grandma Emily in ihrer ihr eigenen herrischen Art.

Mom kurbelte die Scheibe herunter. »Ich suche nur meinen Lipgloss«, antwortete sie.

»Aha«, antwortete Grandma. »Und du meinst, es ist hilfreich, wenn das Radio dabei voll aufgedreht ist?«

Solche Sprüche sind typisch für sie. Und sie gehen einem durch und durch. Mom vor allem.

»Äh, nein«, antwortete sie und suchte fieberhaft nach einer Antwort. Einer möglichst plausiblen Antwort. »Ich habe ihn nur erst einmal nicht gefunden, und ich dachte, wenn ich meine letzten Schritte wiederhole, vielleicht finde ich ihn dann. Ich habe also den Schlüssel ins Zündschloss gesteckt, und da ging das Radio an und ...«

Ich kann mir gut vorstellen, dass sich Mom in diesem Moment wieder wie ein Kind vorgekommen sein muss. Ein Kind mit albernen Ausreden.

»Dein Lipgloss liegt auf der Ablage«, bemerkte Grandma trocken und deutete mit einem spitzen Finger auf das kleine Ablagefach über dem Aschenbecher. »Komm jetzt rein und hör auf mit den Faxen.«

Dem konnte Mom nichts entgegensetzen.

Das Haus meiner Großeltern kann man als prunkvoll bezeichnen. Überall stehen teure Möbel herum und üppige Blumensträuße. Man wandelt über weiche Teppiche, deren handbreit hoher Flor jedes Geräusch schluckt. Und dass die Bilder an den Wänden mit schweren goldenen Rahmen eingefasst sind, muss ich wohl kaum noch erwähnen. Ich bin ganz froh, dass Grandma wenigstens davon abgesehen hat, als sie mir ungefragt Möbel für das Gemeinschaftszimmer in Yale geschickt hat.

Die Atmosphäre in Moms Elternhaus ist also durchaus ein bisschen einschüchternd. Vielleicht lag es zum Teil auch daran, dass Mom dem Vorwurf meiner Großmutter, sie hielte es ohne mich wohl keine drei Sekunden bei ihren Eltern aus, nur wenig entgegenzusetzen hatte. Außerdem war es die reine Wahrheit.

Ohne länger zu zögern, verwickelte Grandma Mom

im Wohnzimmer in ein Gespräch darüber, warum Lorelai ihrer Mutter nichts von Sookies Schwangerschaft erzählt habe. Mom fand diese Frage ziemlich absurd. Was für einen Grund hätte sie denn gehabt, ihre Mutter davon in Kenntnis zu setzen?

Ich glaube, ich kam genau im richtigen Moment. Mom und Grandma beharkten sich gerade über die Frage, wer was wissen müsste, sollte oder dürfte und ob sie es gegenseitig aushielten, etwas nicht zu wissen. Eine Diskussion, die ohnehin zu keinem Ende geführt hätte.

»Hallo. Guten Abend«, sagte ich, während ich eintrat.

»Oh, Rory, da bist du ja«, sagte Grandma. Sie hielt sich kerzengerade und beherrscht wie immer. Trotzdem merkte ich ihr an, dass sie sich wirklich freute.

Es ist nicht ganz einfach. Ich weiß, dass Mom mit ihren Eltern nicht gut klarkommt. Dass es ihr am liebsten ist, wenn wir uns möglichst selten sehen. Aber ich, ich mag meine Großeltern Emily und Richard. Und selbst wenn die Atmosphäre manchmal noch so knistert – ich bin eigentlich gern bei ihnen. Und das nicht nur, weil sie mir das Studium in Yale finanzieren, sondern auch so. Blut ist einfach dicker als Wasser.

»Komm, Rory, setz dich zu mir«, forderte meine Großmutter mich auf und deutete auf den Platz auf dem Sofa, gleich neben ihrem Sessel. »Du musst mir alles über Yale erzählen!«

Mom verdrehte die Augen. Selbst wenn man Grandma nicht alles erzählte – sie bekam es ja doch heraus.

»Also«, begann ich und zupfte an meinem Kleid. Wenn wir freitags zu meinen Großeltern zum Essen fahren, ziehe ich mir immer etwas Besonderes an. Man kommt sich sonst in diesem Haus, wo alles so elegant und teuer ist, komisch vor. »Es ist sehr interessant in Yale«, berichtete ich. »Wir müssen viel arbeiten, aber wir haben mehr Freiheiten, als ich gedacht hätte.«

»Das ist auch ganz richtig so«, stimmte Grandma zu. »Schließlich bist du jetzt erwachsen und hast dein Leben selbst in der Hand.«

»Darin unterscheidet sich Yale vom Hause Gilmore«, warf Mom ein.

Grandma schenkte ihr einen tadelnden Blick. »Also, erzähl«, ging sie dann über Moms Bemerkung hinweg. »Was hast du am Wochenende vor? Bist du schon auf eine Party eingeladen worden?«

Natürlich fanden jedes Wochenende Partys in Yale statt. Aber an diesem Wochenende hatte ich mich ja für Samstag mit Trevor verabredet. Das sagte ich Grandma auch.

Grandma war ganz angetan. »Oh«, sagte sie. »Dein erstes Rendezvous.«

»Man nennt das jetzt Date, Grandma«, verbesserte ich sie vorsichtig.

»Ein Date?«, plapperte Mom aber schon dazwischen. »Wer ist denn der Glückliche?«

»Ein Junge aus dem Lektüre-Kurs«, antwortete ich und versuchte völlig normal zu gucken. Ich hoffte, dass Mom jetzt nicht zwei und zwei zusammenzählte.

Genau das tat sie aber. »Aus dem Lektüre-Kurs?«, fragte sie nach. »Ich dachte, du hättest ihn abblitzen lassen?«

»Das habe ich ja auch«, gab ich etwas zerknirscht zu. »Aber dann habe ich es mir anders überlegt und ihn gefragt, ob wir am Samstag miteinander ausgehen wollen.«

Man hätte denken können, Emily wäre von einer Tarantel gestochen worden. »Du hast ihn gefragt?«, stieß sie mit einem spitzen Schrei hervor, wobei sie jedes einzelne Wort betonte. »Du hast einem Jungen angeboten, mit dir auszugehen? Bitte, Rory, sag, dass das nicht wahr ist!«

»Nein, nein«, versicherte ich auch schnell. »So war es ja gar nicht. Ich ... ich habe nur angedeutet, dass ich eventuell am Samstag Zeit hätte. Ist das besser?«, wandte ich mich an Mom.

Mom sah mich nur mit weit aufgerissenen Augen an. Aber sicher nicht, weil ich Trevor angesprochen hatte, sondern weil Grandma gleich wieder rief: »Nein, das ist nicht besser! Jedenfalls nicht viel. Du bist dort in Yale, Rory, und nicht in ... in ...« Sie suchte offenbar nach einem Begriff wie ›Sündenbabel‹, ›Sodom und Gomorra‹ oder sonst etwas Unanständigem. »Jedenfalls bist du dort nicht irgendwo, wo Damen – wenn man sie denn so nennen kann – Männer ansprechen«, schloss sie.

Ich bemühte mich, sie wieder zu beruhigen. »Glaub mir, Grandma, es war durch und durch anständig.«

»Was weißt du denn über den jungen Mann?«, hakte Grandma nach. »Wo wohnt er, und was machen seine Eltern?«

»Das wird Rory ihn sicher fragen, wenn sie am Samstagabend zusammen essen«, schaltete Mom sich schnell ein. »Aber was willst du denn anziehen?«, wandte sie sich an mich.

In begann mich gerade zu fragen, ob ich vielleicht in

eine Art Kreuzverhör geraten war, denn Moms Frage konnte ich im Moment ebenso wenig beantworten, wie ich Grandmas Vorstellung von Etikette erfüllte.

»Wenn du noch keine Idee hast, ich kann dir etwas leihen«, setzte Mom gerade hinzu.

»Du willst ihr etwas leihen?«, fiel Grandma ein. »Also bitte, wenn du deiner Tochter schon nicht beibringen kannst, wie man sich dem anderen Geschlecht gegenüber dezent verhält, dann musst du ihr nicht auch noch deine schrecklichen *Sex-and-the-City*-Klamotten leihen.«

Moms Gesicht erhellte sich schlagartig. »*Sex and the City*?«, rief sie lachend aus. »Woher kennst du denn *Sex and the City*?«

Woraufhin sich unter den beiden abermals eine leidenschaftliche Hakelei entspann, ganz so, als wäre ich gar nicht da ...

Der Samstag kam und mit ihm der Samstagabend. Halb acht rückte immer näher, und ich wusste immer noch nicht, was ich zu meinem Date mit Trevor anziehen sollte. Es war mal wieder das Übliche: Man hat einen Schrank voller Klamotten – und trotzdem nichts zum Anziehen.

Mittlerweile hatte ich die vierte Kombination angelegt: einen Rock mit großen schwarzen Knöpfen, zweireihig, ein pinkfarbenes Top und eine dünne weiße Strickjacke mit Kettchenverschluss am Hals. Das Ganze wirkte mädchenhaft, ohne kindisch zu sein, schick, und dennoch nicht aufgetakelt, und vor allem nicht zurechtgemacht, sondern einigermaßen lässig. Natürlich auch wiederum nicht so, dass Trevor denken müsste, ich machte mir nichts aus dem Abend. Dennoch war ich unsicher.

Meine Mitbewohnerin Tanna saß auf Paris' Bett und bemalte ihr Bein. Mit Filzstift. Ich weiß, es klingt komisch. Aber Tanna ist ja auch komisch. Sie macht öfter solche Sachen und findet sie ganz normal. Aber ich mag sie einfach.

Tanna ist vielleicht, was Kleidung betrifft, nicht die Kompetenteste. Ohne ihr zu nahe treten zu wollen, kann man wohl sagen, sie interessiert sich nicht für Outfits. Tanna trägt eigentlich jeden Tag und zu jeder Stunde dasselbe. Irgendeinen Rock oder eine Hose, irgendeine Bluse und darüber eine Strickjacke in der Art, wie sie angeblich von Iren beim Angeln getragen werden. Ich weiß nicht, ob Tanna vorhatte, hier in Yale zu angeln. Fische gab es am College nicht. Und ob bei diesen Klamotten jemals ein Junge anbeißen würde … da war ich mir nicht so sicher. Trotzdem brauchte ich jetzt ihren Rat. »Also, Tanna, was meinst du?«, fragte ich und stellte mich vor sie.

Tanna sah überrascht von ihrem Bein auf. »Was ... Wie bitte?«

»Hör zu, Tanna, vielleicht ist es nicht genau dein Ding«, sagte ich. »Aber wie findest du das hier?« Ich deutete auf mein Outfit.

»Hm«, machte Tanna. »Eigentlich ist es ziemlich egal, was du anziehst. Männer reagieren vor allem auf weibliche Pheromone«, brachte sie ihr jüngst erworbenes Wissen an. »Du solltest ein bisschen auf der Stelle laufen«, schlug sie vor. »Dann verströmst du einen unwiderstehlichen Geruch.«

Ich benutze eigentlich ein zuverlässiges Deo. Trotzdem schien es mir sicherer, Tannas Rat nicht zu befolgen. Ich wäre aber auch gar nicht dazu gekommen. In diesem Moment riss nämlich Paris die Zimmertür auf.

»Wohngemeinschaftstreffen in zwei Minuten«, verkündete sie, und man merkte ihrer Stimme an, dass sie schon wieder stocksauer war. »Hey«, machte sie auch gleich noch Tanna an. »Auf meinem Bett wird nicht herumgesessen.«

»Schon gut. Entschuldigung«, rief Tanna und sprang auf.

»Wieso kann sie sich eigentlich nicht mal auf dein Bett setzen?«, wandte sich Paris giftig an mich.

Auf diese Art Fragen gibt es sowieso keine Antwort. »Ich komme gleich«, antwortete ich Paris daher nur kurz.

Während Paris zurück in den Gemeinschaftsraum stürmte, warf ich noch schnell einen Blick in den Spiegel an der Innenseite meines Schranks. Und wenn ich in diesem Moment Alice im Wunderland gewesen wäre, hätte ich keinen Augenblick gezögert, im Spiegel zu verschwinden.

»Rory, lass den Blick in den Spiegel«, rief Paris jetzt aus dem Gemeinschaftsraum (sie hat ihre Augen wirklich überall), »und komm rüber!«

»Ich werde in zehn Minuten abgeholt«, erinnerte ich sie, sobald ich den Gemeinschaftsraum betrat. Tanna und Janet saßen schon. Ich setzte mich zu Tanna aufs Sofa. Janet guckte bereits jetzt deutlich genervt.

»Also, Leute«, begann Paris. Sie stand vor uns und hielt ein Klemmbrett in der Hand. »Vielen Dank, dass ihr gekommen seid. Es geht bei dieser Versammlung darum, Verantwortung zu übernehmen und Fehler einzugestehen. Es geht um Heilung und Wiedergutmachung, und vor allem wird hier niemand angeklagt.«

Schon jetzt war eigentlich klar, dass sie sich mit dem letzten Satz selbst widersprochen hatte. Man musste keine Hellseherin sein, um zu ahnen, worum es wirklich ging. Um eine weitere Schlacht im Privatkrieg von Paris und Janet.

»Ich glaube es einfach nicht«, stöhnte Janet. Wie jeden Abend trug sie auch jetzt wieder ihr Sportdress. Sie nutzte jede freie Minuten zu Übungen und zum Training.

»Wir wollen hier Schwierigkeiten beseitigen und wieder frei werden für etwas anderes«, fuhr Paris im Therapeutenton fort. Wenn sie noch lange quatschte, würden die zehn Minuten, die mir blieben, bis Trevor kam, mit ihrer Einleitung vergehen.

»Wenn ich schon mal hier stehe, fange ich auch gleich an«, kam Paris jetzt zur Sache.

Tanna, die neben mir saß, biss sich vor Spannung auf die Lippen. Und dann ließ Paris eine wahre Tirade vom Stapel. Über Wecker, die morgens um sechs klingeln, über Liegestütze, über Keuchen und Schwitzen und über Gymnastikbälle, die in der Wohnung herumfliegen.

»Gymnastikbälle?«, warf Janet ein. »Es ist *ein* Gymnastikball. Und außerdem, ich habe eben ein Sportstipendium für Yale. Ich muss *trainieren*. Während andere nicht unbedingt *basteln* müssen!«, drehte sie den Spieß jetzt herum und ließ eine leidenschaftliche Rede gegen Paris' Bastelecke ab, die sich im Gemeinschaftsraum befand. Okay, mich hatte ihr Glitterkram und vor allem die hässlichen Sachen, die sie daraus bastelte, auch schon genervt. Aber nicht mehr als Janets Hüpfseile und Hanteln, die überall herumlagen.

»Wow!«, machte Tanna atemlos, während zwischen Paris und Janet die Fetzen flogen.

Mittlerweile wechselte die Diskussion von Fakten zu Vermutungen.

»Du musst ja Furchtbares erlebt haben, wenn du so drauf bist!«, schrie Janet Paris an.

»Und du – du nimmst doch bestimmt Anabolika!«, gab Paris zurück.

»Jetzt beruhigt euch mal wieder«, versuchte ich einzuwerfen. Dabei war ich aber ganz froh, dass sie wenigstens mich aus dem Spiel ließen, nachdem sie sich darüber gestritten hatten, wessen Schuld es eigentlich war, dass ich nicht mehr pünktlich zum Frühstück gekommen war. Janets Schuld, weil sie in aller Herrgottsfrühe Sport machte und alle – bis auf mich – damit weckte, oder Paris' Schuld, die daraufhin meinen Wecker ausgeschaltet hatte.

»Ich habe genug von deiner negativen Art!«, giftete Janet.

»Und du bist einfach vollkommen unmöglich!«, schimpfte Paris.

In diesem Moment klopfte es an die Tür unserer Wohneinheit. Ich ging hin und öffnete. Es war Trevor.

»Hallo«, sagte er. »Bist du fertig?«

»Nur noch einen Augenblick«, antwortete ich, während weiter das Geschrei von Paris und Janet aus dem Gemeinschaftsraum drang. »Wir haben gerade noch eine Besprechung.«

In diesem Moment stürzten Janet und Paris gleichzeitig in die Diele.

»Los, Wettrennen!«, stieß Paris hervor. »Zum Hewitt Quad und zurück. Wenn ich gewinne, klingelt der Wecker nicht mehr vor sieben. Wenn du gewinnst, kommt die Bastelecke in Rorys und mein Zimmer.«

»Du spinnst!«, stellte Janet fest.

»Auf die Plätze, fertig, los!«, rief Paris aber nur.

Und im gleichen Moment rannten sie los und quetschten sich durch die Tür.

8

Was ich erst später erfuhr, was aber dennoch an diesem Samstag noch wichtig war – für Moms Seelenheil und damit auch für meins: Mom gab ihre Widerstände gegen Natalie als Innenarchitektin für das *Dragon Inn* auf. Dieser Entscheidung vorausgegangen war ein Besuch im Antiquitätenladen der Kims, wobei Mom Sookie wahrscheinlich fast in den Wahnsinn getrieben hatte. Oder an den Rand einer Frühgeburt.

Um es ganz kurz und knapp zu sagen: Mom zickte herum. Was sonst wirklich nicht ihre Art ist. Im Gegenteil. Bei Mom heißt sonst »gesagt« auch »getan«. Jetzt aber drängte sie plötzlich darauf, alles noch mal genau zu durchdenken. Sie wollte partout nichts kaufen – obwohl sie ja eigens zu diesem Zweck zusammen mit Natalie den Laden aufgesucht hatten. Und als Sookie zu guter Letzt auch noch bei einer hübschen Bank, die ganz bezaubernd auf die Veranda gepasst hätte, mit den Worten: »Heiliger Bimbam! Ist die teuer!«, zurückzuckte, war Mom drauf und dran, den Termin zu beenden.

Natalie war geschickt genug, sich für einen Augenblick nach draußen zurückzuziehen, sodass Mom und Sookie kurz alleine miteinander reden konnten.

Mom erklärte ihrer Freundin, dass sie auf keinen Fall

wolle, dass ihre Mutter vielleicht über Natalie von den finanziellen Engpässen erfuhr, in denen sich das Projekt *Dragon Inn* und damit Moms und Sookies Portmonee überhaupt befand. Immerhin kannten sich die beiden ja, und Mom fürchtete, dass sie nach wie vor in Kontakt standen.

Wieder einmal bewahrheitete sich, dass es gut war, dass es Sookie gab. Grundsätzlich war das natürlich immer gut, aber ganz besonders in diesem Moment. Mit ihrer bodenständigen Art brachte sie Mom dazu, ganz einfach mal offen mit Natalie zu sprechen.

Es stellte sich heraus, dass Natalie überhaupt keinen Kontakt mehr zu Emily hatte und dass es ihr nie im Leben eingefallen wäre, bei anderen – und seien es die Mütter – etwas über ihre Kunden zu erzählen.

Mom fielen einige Steine der Erleichterung vom Herzen, denn sie fand ja auch, dass Natalie die beste Innenarchitektin war, die sie finden konnten. Und dann beschloss sie, einen Jockey aus Holz, der vor dem Laden stand und ein halbes Vermögen kostete, auf der Stelle zu kaufen – allein auf Natalies Hinweis hin, dass Emily ihn sicher ganz furchtbar gefunden hätte ...

Während ich mit Trevor ins »Pancia di Lucca« fuhr, sah Mom ebenfalls ihrer Samstagabend-Verabredung entgegen. Sie hatte alles perfekt vorbereitet. »Casablanca« steckte bereits im Videorekorder, und das Bier war kalt gestellt.

Eigentlich hätte man sagen können: Lorelai Gilmore hatte ein Date mit einem Mann. Wenn es sich bei diesem Mann nicht ausgerechnet um Luke gehandelt hätte. Denn Luke, so muss man es einfach mal sehen, gehört einfach nicht in diese Kategorie. Von Männern, mit denen man »Dates« hat, meine ich.

Pünktlich um acht klingelte Luke an Lorelais Tür.

»Ah, ein Mann mit Tüten voller Essen«, sagte Mom erfreut, während sie öffnete. »Komm nur herein!«

Nicht, dass Luke sich für diesen Abend irgendwie schick gemacht hätte. Er trug sein übliches kariertes Flanellhemd, Jeans und die unerlässliche Baseballkappe auf dem Kopf. Mit dem Schirm nach hinten.

Aber auch Lorelai hatte sich nicht eigens in Schale geworfen. Sie trug ein normales Haus-Outfit, was aber dennoch – wie immer – knackig wirkte.

»Vielleicht ist es ein bisschen viel geworden«, meinte Luke und hob mit einer hilflosen Geste die Tüten ein wenig in die Höhe.

»Das geht gar nicht«, versicherte Mom ihm rasch. »Zu viel ist es nie.«

»Ich habe Pommes frites und einen halben Kürbiskuchen dabei«, erklärte Luke, während er auf den Wohnzimmertisch zusteuerte. »Und weil ich nicht wusste, ob du deinen Hamburger mit doppelt Käse haben willst ...« Er verstummte plötzlich. »Was soll das?«, fragte er und zeigte auf die Schachteln und Tüten des China-Imbiss', die auf dem Wohnzimmertisch standen. »Ich hab doch gesagt, ich bringe etwas mit.«

»Ich will doch nicht als Geizhals dastehen«, antwortete Mom gut gelaunt, während sie kurz in der Küche verschwand. »Und keine Bange«, nahm sie Luke gleich das nächste Wort aus dem Mund. »Falls etwas übrig bleibt: Ich esse gern Reste.«

Luke sah sie zweifelnd an.

»Hier«, sagte Mom. »Ein schönes, kaltes Bier.« Damit drückte sie Luke eine Flasche in die Hand.

Sie setzten sich auf das Sofa. Als Außenstehender hätte

man denken können: ein altgedientes Ehepaar, das einem gemütlichen Fernsehabend entgegensieht. Tatsächlich gab es wohl in ganz Connecticut kaum zwei Leute, die weniger verheiratet waren als Luke und Lorelai. Okay, Luke war es vielleicht noch irgendwie – unfreiwillig – mit Nicole. Mom aber war weit davon entfernt, jemals in den Hafen der Ehe eingelaufen zu sein. Und die beiden miteinander ... undenkbar!

Mom nahm die Fernbedienung und hielt sie Luke unter die Nase. »Du bist nur noch einen Tastendruck entfernt von ›Casablanca‹.«

»Okay. Lass laufen«, sagte Luke und griff kreuz und quer über den Tisch, um die Schachteln mit dem Essen zu öffnen.

»Oh, einen Moment«, sagte Lorelai. »Wir müssen uns doch erst richtig einrichten.«

»Alles bestens«, antwortete Luke. »Es ist alles da: das Essen, etwas zu trinken ...«

»Nein, nein«, meinte Mom. »Das ist nicht alles. Du musst sicher sein, dass du gut sitzt. Mach's dir richtig gemütlich«, fuhr sie fort, während sie zur Ermunterung heftig auf dem Sofa herumrutschte, um die bequemste Position zu finden.

»Ich sitze gut«, meinte Luke.

»Bist du sicher?«, fragte Mom nach, während sie weiter rutschte.

»Na klar«, meinte Luke.

»Also gut«, sagte Mom. »Aber wenn der Film erst einmal läuft, wird nicht mehr herumgerutscht. Das ist Regel Nummer eins.«

»Es gibt Regeln?«, fragte Luke verblüfft. »Regeln für einen Videoabend? Zu Hause?«

»Aber ja«, antwortete Mom eifrig. »Und ganz besonders bei Klassikern. Man darf nicht reden, während der Film läuft, und man darf nicht telefonieren. Weil man den Film nicht anhalten darf«, erklärte sie. »Sonst ist die Stimmung weg. Man kann deswegen also auch nicht aufs Klo oder so. Das mit dem Hin- und Herrutschen sagte ich schon. Ach ja, und vor- und zurückgespult wird natürlich auch nicht.«

Es war Luke deutlich anzusehen, dass er mit derart strengen Regeln nicht gerechnet hatte. »Ist in Ordnung«, sagte er dann aber. »Leg los.« Und Mom drückte auf den Startknopf.

»Hey, was ist das denn?«, platzte er heraus, sobald die Warnung vor dem unerlaubten Kopieren und Verbreiten des Streifens auf dem Bildschirm erschien.

Mom drückte die Stopptaste. »Willst du mir sagen, du hast diesen Hinweis noch nie gesehen?«

»Weiß nicht genau, aber ich glaube nicht«, meinte Luke.

»Also, du bist der absolute Ober-Eremit«, stöhnte Mom auf. »Pass auf, Luke«, fuhr sie dann in einem fürsorglichen Tonfall fort. In ihren Augen blitzte es allerdings verräterisch. »Als vor mehr als hundert Jahren der erste Film gezeigt wurde, fürchteten die Zuschauer, dass der Zug, der dort über die Leinwand raste, direkt auf sie zukäme. Du musst aber keine Angst haben«, versicherte sie Luke. »Bei allem, was du hier siehst – dir wird nichts passieren«, endete sie mit einem kleinen Lachen.

Luke sah sie einfach nur an. Er ist zwar ein Muffel, aber manchmal ist er auch die Gutmütigkeit in Person. »Schalt ein«, sagte er. Und sobald Mom dies getan hatte, rutschte er auch nur noch zweimal hin und her.

Unterdessen traf ich mit Trevor im »Pancia di Lucca« ein. Es war ziemlich voll. Kein Wunder. Der Laden war noch neu und offenbar angesagt. Halb Yale schien hier zu essen.

Die Frau hinter dem Tresen reichte Trevor einen Pager. »Der ist für Sie«, sagte sie. »Wir piepsen Sie an, wenn Ihr Tisch fertig ist.«

Trevor nahm den Pager und sah sich um. »Ganz schön bunt hier«, stellte er fest. »Und irgendwie ... ulkig.«

So konnte man es wohl nennen. Bei der Inneneinrichtung schien sich jemand richtig ausgelebt zu haben. Hier war alles zusammengepackt, was man sich unter dem Stichwort »Italien« nur vorstellen konnte. Künstliche Orangenbäume und freigelegte Mauerstücke. Leuchter aus Muranoglas und daneben Abgüsse von antiken Statuen – die mir allerdings eher griechisch als römisch zu sein schienen. Aber egal. Auf sämtlichen Tischen standen leere Rotweinflaschen mit Tropfkerzen, und es gab mindestens drei billige Kopien von da Vincis »Abendmahl«.

»Warst du schon mal in Italien?«, wollte Trevor von mir wissen.

»Nein«, antwortete ich. Dann verbesserte ich mich rasch. »Oh, doch, natürlich. Im Sommer erst noch. Ich bin einfach so daran gewöhnt, nirgendwo hinzufahren«, schob ich als Erklärung schnell hinterher. »Deswegen war es mir glatt entfallen.«

»Und?«, fragte Trevor weiter. »Wie war es in Italien?«

»Es war toll«, sagte ich und freute mich, dass ich so schnell ein Gesprächsthema mit Trevor gefunden hatte. Sonst fiel es mir ja immer schwer, etwas Vernünftiges mit einem Jungen zu reden. Dann kam immer diese merkwürdige Art von Tourette-Syndrom in mir auf, und ich erzählte den größten Unfug – ohne es zu wollen. Aber mit Trevor schien es ganz anders zu werden. Sicher würde er mich gleich fragen, wie es denn überhaupt in Europa war. Dann würde ich von unserer Reise erzählen und wir hätten Gesprächsstoff für den ganzen Abend.

»Aha«, machte Trevor aber nur. Dann sah er sich weiter im »Pancia di Lucca« um.

In einer Ecke hing eine Karte der USA. Auf ihr waren die Orte eingezeichnet, wo es weitere Restaurants des »Pancia di Lucca« gab.

»Hey«, sagte Trevor. »Guck mal, die haben ja ganz viele Läden. Zwei in Miami, in Detroit und zwei in meiner Heimatstadt.« Er zeigte dabei mit dem Finger auf die Punkte der Landkarte. »Das ist echt 'ne tolle Stadt«, meinte er sehnsüchtig.

Ich hatte nicht gesehen, worauf sein Finger zeigte. Aber allein um das Gespräch nicht abreißen zu lassen sagte ich: »Oh, ja. Das finde ich auch.«

Trevor drehte sich um und strahlte mich an. »Dann warst du schon mal da?«

»Äh«, musste ich jetzt leider sagen. »Wo?«

»Na, in Chicago«, sagte Trevor, und das Strahlen auf seinem Gesicht verblasste.

»N-nein. Tut mir Leid«, sagte ich zerknirscht.

Wir setzten uns an die Bar. Ich hatte äußerste Mühe, meine kleine Handtasche festzuhalten, die mir immer von den Knien rutschen wollte.

»Es ist merkwürdig«, versuchte Trevor nach einer kurzen, ratlosen Pause wieder an das Gespräch anzuknüpfen. »Mir fehlen plötzlich Leute, von denen ich es nie erwartet hätte. Mein kleiner Bruder Brian zum Beispiel. Der hat mich echt in den Wahnsinn getrieben. Und jetzt vermisse ich ihn. Hast du Geschwister?«, wandte Trevor sich unvermittelt an mich.

Ich habe es eigentlich immer okay gefunden, ein Einzelkind zu sein. Ich glaube, ich hatte dadurch einige Vorteile. Jetzt aber fragte ich mich plötzlich, warum ich Mom für diesen Umstand nie zur Rechenschaft gezogen hatte. Dann hätten Trevor und ich jetzt wenigstens ein Gesprächsthema gehabt. »Nein«, blieb mir nichts anderes zu antworten übrig. Und damit war das Gespräch wieder erstorben.

Ich hatte den Eindruck, dass Trevor so schnell nichts Neues mehr einfiel. Darum kramte ich einfach irgendetwas hervor. Etwas, wovon ich kürzlich gelesen hatte. Und wenn *ich* davon gelesen hatte, dann bestand doch Hoffnung, dass Trevor es auch gelesen hatte, oder?

»Ich habe da neulich so einen Artikel gelesen«, begann ich etwas unvermittelt. »Über Restaurants und Bars und so weiter. Da stehen doch manchmal so Schalen auf den Tischen, mit Erdnüssen und Crackern oder was weiß ich.«

Trevor nickte. »Kenn ich«, sagte er.

»Ja. Man kann sich also von diesen Sachen nehmen«, fuhr ich fort. »Alle Leute, die in diesem Restaurant sind und gerade an der Bar stehen oder an einem dieser Tische sitzen. Leider gibt es ein paar Leute, die gehen aufs Klo und waschen sich anschließend nicht die Hände. Die ... die ...« Mit einem Mal kamen mir Zweifel, ob dieses Thema richtig geeignet war für ein Gespräch unter Leuten, die sich kaum kannten. Aber was sollte ich machen? Ich hatte es nun mal angefangen.

»Also, es gibt eben Leute, die sich nach dem Klo nicht die Hände waschen«, fuhr ich tapfer fort. »Und die greifen dann in diese Schalen und hinterlassen Rückstände an den anderen Erdnüssen und Crackern. Urinrückstände. Sie machen die Cracker also sozusagen zu Urincrackern ...«

Es waren nur wenige Sätze. Trotzdem zeigte Trevors Gesicht ein ganzes Spektrum von Ausdrücken. Von überrascht über ungläubig zu fassungslos. »Ach«, machte er.

In diesem Moment piepste etwas. Ich hoffte, es sei mein Wecker – der mich aus einem hochnotpeinlichen Traum weckte und zurück in die Wirklichkeit führte. Oder konnte man sich überhaupt vorstellen, eine derart peinliche Situation im richtigen Leben durchstehen zu müssen? Urincracker! Als Gesprächsthema, wenn man mit einem Jungen zum ersten Mal ausgeht!

Leider war es nicht der Wecker, der piepste, sondern unser Pager. »Unser Tisch ist fertig«, informierte mich Trevor. Und im selben Moment erschien eine Kellnerin, die uns an einen Tisch mit einer rot-weiß karierten Tischdecke führte, wo Trevor sich ohne zu zögern neben mich setzte.

Zur gleichen Zeit waren Mom und Luke bei »Casablanca« schon bis fast an die Stelle gekommen, als Humphrey Bogart Ingrid Bergmann zum ersten Mal in Rick's Bar begegnet.

Mom konnte sich nicht beherrschen. Sie sah Luke von der Seite an und biss sich nervös auf die Nägel.

»Bitte, lass das«, sagte Luke. Er saß mit verschränkten Armen auf unserem Sofa und hatte bislang keine Miene verzogen.

»Was soll ich denn lassen?«, fragte Mom. »Ich mache doch gar nichts.«

»Doch. Du machst etwas«, antwortete Luke. »Du beobachtest mich ...«

»Oh, bilde dir mal nur nicht zu viel ein ...«, warf Mom ein.

»... und dann weiß ich, das gleich etwas passiert«, endete Luke.

»Wieso? Was soll denn passieren?«, fragte Mom harmlos.

»Der erste Kuss natürlich«, antwortete Luke. »Es nervt mich, wenn man mich bei solchen Szenen beobachtet.«

»Oh! Jetzt haben wir etwas verpasst, weil wir geredet haben«, stellte Mom fest und spulte ein Stück zurück. Humphrey Bogart und Ingrid Bergmann bewegten sich hektisch im Rückwärtsgang.

»Halt!«, rief Luke. »Nicht so weit, das haben wir schon gesehen.«

»Wir müssen ja erst wieder in die Sache reinkommen«, antwortete Mom und spulte noch ein Stück weiter zurück.

In diesem Moment klingelte das Telefon.

Mom gab einen missmutigen Laut von sich, während der Anrufbeantworter ansprang. Kein Telefon beim Videoabend!

»Mom?«, erklang meine Stimme aus dem Lautsprecher. »Mom, bist du zu Hause? Dann geh dran!«

Sofort sprang Mom auf. Luke sah ihr genervt hinterher.

»Liebling? Was ist? Wo bist du?«, rief Mom, sobald sie das Telefon abgenommen hatte. »Ist alles okay?«

»Wie war das noch mit dem Telefonieren?«, warf Luke aus dem Hintergrund ein.

»Gar nichts ist okay«, antwortete ich. »Dieses Date ist eine einzige Katastrophe.«

»Was? Wieso?«, fragte Mom. Ihre Stimme klang ein bisschen so, als hätte sie damit schon gerechnet.

»Es stimmt«, gab ich zu. »Ich habe keine Erfahrung mit Dates. Ich fühle mich total komisch, und ich weiß nicht, was ich sagen soll. Und alle starren mich an, weil sie merken, dass das hier ein mieses erstes Date ist.«

»Dann ist der Typ also eine Niete?«, fragte Mom.

Ich hätte ihr liebend gern Recht gegeben. »Der Typ ist eigentlich ganz okay«, musste ich aber leider eingestehen. »Nur ich packe es einfach nicht. Ich weiß einfach nicht, was ich sagen soll. Und wenn ich es doch tue, kommt immer nur Blödsinn heraus.«

Ich hatte das Gefühl, dass meine Situation wie ein Film vor Moms Augen abspulte. Wie ein Film, den man aber leider weder vor- noch zurückspulen konnte. Sondern den man zu Ende sehen musste, bis zur letzten peinlichen Sekunde.

»Wo ist der Typ jetzt?«, flüsterte Mom.

»Auf dem Klo«, flüsterte ich ebenfalls zurück. »Und vermutlich denkt er gerade über die Geschichte mit den Urincrackern nach.«

»Was für Cracker? Urincracker?«, wiederholte Mom. Sie hielt den Hörer ein wenig zu. »Wusstest du, dass es Urincracker gibt?«, fragte sie Luke leise.

Luke sah sie verständnislos an.

»Ich habe alles vergessen, was er mir erzählt hat«, jammerte ich weiter. »Ich weiß nicht mehr, wie sein Bruder heißt oder seine Schwester, sein bester Freund oder der Hund. Und wir sitzen nebeneinander, und ich habe schon einen ganz steifen Hals, weil ich mich immer zu ihm drehen muss. Meinst du, ich kann sagen, dass ich auf der anderen Seite sitzen will?«

»Süße, jetzt mal ganz ruhig«, versuchte Mom auf mich einzureden. »Es ist nur ein Date, und es kann eben passieren, dass es mal nicht so gut läuft. Aber da ... da muss man einfach durch«, fuhr sie zu meiner Bestürzung fort. »Weißt du, ich kann dir da jetzt wirklich nicht helfen. Ich meine ... du sitzt dort mit dem Jungen, und nicht ich ...«

Worüber du heilfroh bist, fügte ich in Gedanken hinzu, verkniff mir aber die Worte. Sie hatte natürlich Recht. Ich musste selbst versuchen, die Sache durchzustehen. Und wenn es noch so schrecklich war.

»Er sollte dich aber nicht telefonieren sehen«, sagte Mom noch. »Sonst denkt er, dass du mit einer deiner Freundinnen über ihn sprichst.«

»Okay«, sagte ich seufzend. »Du hast Recht. Drück mir die Daumen. Ich ruf dich wieder an.« Damit legte ich auf und sah wieder nervös in Richtung Klotür.

Zu Hause ließ Mom sich auf das Sofa fallen. »Casablanca« war inzwischen ein gutes Stück weitergelaufen.

Luke sah Mom an. »Stimmt was nicht?«

»Oh, nein«, sagte Mom. »Rory hat nur ein Date, das nicht so gut läuft. Aber ich kann ihr nicht helfen. Irgendwann muss man die Kinder aus dem Nest stoßen – ich hatte in ihrem Alter immerhin schon eine fast zweijährige Tochter. Sie fühlt sich unsicher«, erzählte sie jetzt Luke aber doch. »Der Junge sitzt neben ihr, und das ist ihr unangenehm. Sie weiß nur nicht, wie sie es anstellen soll, sich von ihm wegzusetzen.«

»Das ist doch nicht so schwierig«, meinte Luke, während in Rick's Bar gerade »As time goes by« gespielt wurde. »Sie soll einfach sagen, dass es zieht. Wegen der

Klimaanlage. Das ist ein gutes Argument und ausgesprochen damenhaft.«

Moms Gesicht erhellte sich. »Die Klimaanlage? Oh, ja, das ist gut.« Sie schnappte sich das Telefon und rief mich auf dem Handy an, um mir Lukes Tipp weiterzugeben. Während Luke sich selbstzufrieden im Sofa zurücklehnte und offenbar mehr Anteilnahme für die wirklichen Probleme des Lebens verspürte als für irgendwelche Gefühlsduseleien in alten Kinofilmen.

»Ich möchte um nichts in der Welt mit ihr tauschen«, stellte er fest, nachdem Mom aufgelegt hatte. »Ich hasse Dates.«

»Dates sind die einzige Chance gegen das Single-Dasein – wenn man seinen Partner nicht unbedingt über das Internet kennen lernen möchte«, gab Mom zu bedenken.

»Ich brauche keine Dates«, antwortete Luke entschlossen. »Ich fühle mich auch als Single wohl.«

Mom hob skeptisch eine Augenbraue.

»Und ich spüre sofort, ob ich mich mit einer Frau wohl fühle«, fuhr Luke fort. »Das dauert nur ein paar Sekunden. Ich verlasse mich da ganz auf meinen Instinkt.«

»Ach«, meinte Mom. »Und wie äußert sich das? Dieser Instinkt?«

»Ich merke einfach, wer mich so sein lässt, wie ich bin«, antwortete Luke. Dann griff er nach der Fernbedienung und spulte den Film vor.

Mom kreischte auf. »Luke! Was machst du denn da?«

»Ich spule mal zu den guten Szenen«, antwortete er. »Sonst werden wir ja nie fertig.«

»Oh, Luke! Du Banause!«, maulte Mom und drückte ein Kissen in ihrem Schoß zusammen. »Okay, ich hol mal den Nachtisch«, meinte sie resigniert und verschwand in der Küche.

Sobald sie das Wohnzimmer verlassen hatte, klingelte wieder das Telefon. Wahrscheinlich dachte Luke, dass ich es noch mal sei. Und es ist ja auch rührend, wenn er glaubte, mir noch ein paar Ratschläge für mein Date geben zu können.

»Hallo?«, sagte er, als er abnahm.

Einen Augenblick herrschte Schweigen in der Leitung. »Wer ist da?«, fragte dann eine weibliche Stimme.

»Wer ist denn dort?«, entgegnete Luke.

»Hier ist Emily Gilmore«, antwortete meine Grandma würdevoll. »Wer sind Sie?«

»Ah, guten Abend, Mrs Gilmore«, antwortete Luke. »Hier ist Luke Danes, der Freund Ihrer Tochter. Aus dem Café, Sie wissen schon ...«

In diesem Moment kam Mom wie angestochen aus der Küche geflitzt. Sie gestikulierte wild mit den Armen.

»Äh, verzeihen Sie, Mrs Gilmore«, stotterte Luke. »Ich ... ich hätte wohl nicht ans Telefon gehen sollen.« Er ließ den Hörer sinken.

Da unser Land aber mittlerweile über ausgezeichnet entwickelte Telefone verfügt, bekam meine Großmutter jedes einzelne der im Folgenden gesprochenen Worte mit.

»Wieso hast du abgenommen?«, flüsterte meine Mom unterdrückt.

»Du bist doch auch eben drangegangen«, verteidigte sich Luke.

»Ja, aber das war Rory«, entgegnete Mom. »Und jetzt ist es meine Mutter. Du hättest sagen sollen, dass ich nicht da bin.«

»Warum? Was mache ich denn dann hier?«, antwortete Luke.

»Was weiß ich? Glühlampen einschrauben oder so etwas«, meinte Mom.

Meine Großmutter hörte dies alles mit größter Überraschung.

»Jetzt geh schon ran ...«, schnaubte Luke.

»Du verstößt gegen eine Regel«, meinte Mom.

»Du hast doch zuerst gegen alle Regeln verstoßen«, brachte Luke vor.

»Die Regel, meine Mutter am Telefon abzuwimmeln, gilt ohne Ausnahme«, zischte Mom. Dann nahm sie Luke endlich den Telefonhörer ab.

»Hi, Mom, was gibt's?«, versuchte sie mit ihrer aufgeräumtesten Gute-Laune-Stimme zu sagen.

Es folgte ein längeres Gespräch, womit der Videoabend wirklich nicht mehr zu retten war.

Für Mom jedenfalls nicht – während Luke sich »Casablanca« im Schnelldurchgang reinzog. Erst als Mom endlich auflegte, schaltete er wieder in die normale Geschwindigkeit zurück. Und als Mom losplatzen und sich wieder einmal über ihre unerträgliche Mutter beschweren wollte, hielt er sie durch ein energisches »Psst!« davon ab, ihm die letzte dramatische Szene zu verderben.

Vielleicht kann man der Auffassung sein, dass ich mich ein bisschen mehr von zu Hause abnabeln sollte. Nach einem derart misslungenen Date wie an diesem Abend aber fehlte mir dazu einfach die Lust. Ich hatte das Bedürfnis, mit jemandem zu reden. Aber wer sollte das schon sein, in Yale? Paris etwa? Oder Janet oder Tanna?

Sie schieden alle drei aus. Daher stieg ich in meinen Wagen und fuhr nach Stars Hollow.

Als ich das Haus betrat, kam mir Mom mit einer baby-rosafarbenen Decke entgegen. »Schsch!«, machte sie und legte einen Finger auf ihre Lippen.

Ich trat an unser Sofa. Eine riesige Masse lag darauf und schlummerte selig. Luke. Irgendwie sah er im Schlaf viel größer aus als im Wachzustand.

Mom deckte ihn zu. Und während sie die Decke so über ihn breitete, dass er auch bestimmt nicht fror, sah man Luke an, dass es ihm richtig gut ging.

Mom und ich verzogen uns in die Küche. »Möchtest du darüber reden, oder möchtest du es lieber vergessen?«, fragte sie.

»Es war ein totaler Reinfall!«, sprudelte es in diesem Moment schon aus mir heraus. »Ich kam mir total gezwungen vor. Und die Sache mit der Zugluft hat überhaupt nicht funktioniert. Er hat gesagt, ihn stört sie auch, und dann hat er sich wieder neben mich gesetzt.«

Mom sah mich einfach nur an. Sie lächelte und hörte mir zu. Und ich wusste, dass jedes Wort bei ihr genau so ankam, wie ich es meinte.

»Ich meine, Trevor war schon irgendwie nett«, sagte ich und hob hilflos die Schultern. »Aber er ist einfach nicht mein Typ.«

»Wenn du das meinst«, seufzte Mom. »Luke sagt auch, man soll sich auf seinen Instinkt verlassen. Irgendwie begegnet man schon dem richtigen Partner. Und dann ist auf einmal alles ganz unkompliziert.«

»Und bis man dem richtigen Partner begegnet?«, fragte ich nach. »Was macht man bis dahin?«

»Solange muss man eben doch auf die Jagd gehen«,

gab Mom nach einem kurzen Moment achselzuckend zu. »Auch wenn eine Menge Ausschuss dabei ist. Andererseits«, fuhr sie dann wieder fröhlicher fort, »eignen sich diese Storys ja bestens für das nächste Date. Man kann erzählen, wie schrecklich das letzte war, und wenn das dann auch wieder schief geht, dann hat man wieder Gesprächsstoff für das nächste Date. Es ist eine endlos lange Kette.«

Ich muss zugeben, berauschend fand ich die Aussicht auf eine endlos lange Kette von Enttäuschungen nicht gerade. Andererseits leuchtete es mir ein, dass man nie jemanden kennen lernt, wenn man den Stier nicht bei den Hörnern fasst. Wenn ich auch Lukes Vorstellung, dass man einfach zufällig jemanden traf und einem der Instinkt sagte, dass dies der richtige Partner war, schöner fand.

Es war an einem der folgenden Tage im Waschkeller: Ich hatte mich aufgerafft und einen neuen Versuch unternommen, meine Wäsche im College zu waschen ...

Ich musste mich beeilen – wahrscheinlich hatte die Maschine längst fertig geschleudert und wahrscheinlich war gerade mal wieder jemand von meinen Studienkollegen dabei, meine sauberen Sachen in eine dreckige Ecke zu werfen. Und tatsächlich machte sich gerade ein Junge an der Maschine zu schaffen, in der ich meine Wäsche gewaschen hatte.

»Hey!«, rief ich. »Ich glaube, da sind noch meine Sachen drin.«

Der Junge drehte sich um. Ich hatte ihn noch nie gesehen. Offenbar besuchte er andere Kurse als ich.

»Deine Sachen hat schon jemand rausgeholt«, antwortete er. »Und sie irgendwo hingeschmissen. Ich hab sie vorsichtshalber mal in meinen Wäschekorb gelegt. Damit sie nicht dreckig werden.«

Wie bitte? Ich traute meinen Ohren nicht. »Oh, das ist nett. Vielen ... vielen Dank!«

Der Junge stellte seinen Wäschekorb auf den Tisch. Er war über und über mit Aufklebern der Smiths beklebt. »Das ist ja ein cooler Wäschekorb«, sagte ich. »Ich stehe auch auf die Smiths.« Und plötzlich hatte ich das Gefühl, dass es *das* war. Das, wovon Luke gesprochen hatte. Der Instinkt. Man begegnet jemandem, ganz zufällig, und plötzlich merkst du, wie wohl du dich mit ihm fühlst. Es ist ein Gefühl im Bauch, oder vielmehr ... es kommt sozusagen aus dem Bauch ...

Bevor ich mir wirklich klar darüber werden konnte, woher dieses Gefühl nun kam, waren wir in ein Gespräch verwickelt. Ein Gespräch über Musik, das College, zu Hause und was weiß ich noch alles. Es war kein bisschen gezwungen, und auch mein merkwürdiges Tourette-Syndrom brach nicht wieder durch. Im Gegenteil, ich redete ganz normale Sachen.

Irgendwann nahm der Junge seinen Wäschekorb. »Ich muss jetzt gehen«, sagte er.

»Man muss auf die Jagd gehen«, schossen mir Moms Worte durch den Kopf. »Man muss sich auf seinen Instinkt verlassen«, hörte ich gleichzeitig Lukes Stimme.

Im Bruchteil einer Sekunde beschloss ich, beide Ratschläge zusammenzufügen. Ein Date mit einem Jungen, bei dem mir mein Instinkt sagte, dass er der Richtige sei ...

»Hey, sag mal«, rief ich ihm nach, bevor er den Waschkeller verließ. »Hast du nicht mal Lust, einen Kaffee trinken zu gehen? So zwischen zwei Seminaren?«

Ich war mir völlig sicher, dass mich mein Instinkt nicht trog. Und dass ich zugleich eine reife jagdliche Leistung hingelegt hatte.

»Ach, äh, weiß nicht«, antwortete der Junge in diesem Moment zu meiner Überraschung. »Aber trotzdem: Danke.« Damit verschwand er in der Dunkelheit der Kellergänge von Yale.

Ich sah ihm nach. Eigentlich hatte ich ja gedacht, dass sich in meinem Leben etwas verändert hatte.

Aber ich musste mich wohl getäuscht haben.

9

Ein Sprichwort sagt: Wie gewonnen, so zerronnen. Und leider ging es Mom und Sookie genauso mit Natalie, der Innenarchitektin.

Obwohl es eine Weile her war, dass Natalie für meine Großmutter gearbeitet hatte, nahm Grandma den Kontakt zu ihr plötzlich wieder auf. Sie wollte irgendetwas von ihr umgestalten lassen – und Natalie gab ihr einen Korb.

Aber Grandma wäre nicht Grandma, wenn sie diese Absage einfach so hingenommen hätte. Sie bohrte so lange nach, was es damit auf sich hätte, bis Natalie schließlich mit dem Geständnis herausrückte, dass Mom – aufgrund des Kontakts zu Emily – bereits Bedenken gegen sie gehabt habe und dass Natalie ihr versichert hätte, in den nächsten Monaten bestimmt nicht für meine Grandma zu arbeiten. Das verstand meine Großmutter natürlich als Angriff, und Mom und Emily führten einmal mehr eines ihrer herzerwärmenden Telefongespräche. Dieses ging so lange, bis Mom meiner Großmutter Natalie offiziell als Einrichtungsberaterin überließ. Exklusiv natürlich.

Seitdem war das Verhältnis zwischen den beiden wieder einmal besonders angespannt. Das zeigte sich ziemlich deutlich, als wir an einem der nächsten Freitage abends wie so oft bei meinen Großeltern zum Essen eingeladen waren.

»Mir war von Anfang an klar, dass es mit den Richmonds Probleme geben würde«, stellte Emily fest. Sie hatte ihr Lieblingsthema angeschnitten: Klagen über die Nachbarn. »Sie waren nicht beim Straßenfest letzten Monat.«

»Ich weiß nicht, was du gegen die Leute hast«, antwortete Mom. »Soviel ich weiß, haben sie zu Halloween Schokoriegel an die Kinder verschenkt. Das ist doch sehr nett.«

Meine Großmutter sah sie mit unterdrücktem Ärger an. »Extragroße Schokoriegel«, präzisierte sie. »Es waren extragroße Schokoriegel. Damit blamieren sie die ganze Nachbarschaft.«

»Warum das denn?«, fragte Mom verdattert.

»Weil alle anderen den Kindern seit Jahren *normal große* Schokoriegel schenken«, antwortete Grandma. »Sie wollen, dass wir als Geizkragen dastehen.«

»Ich habe Wellington Richmond noch zwei Wochen vor Halloween auf der Eigentümerversammlung getroffen«, meinte jetzt auch mein Großvater Richard mit Kopfschütteln. »Da hätte er doch wirklich etwas sagen können!«

Mom und ich sahen uns verständnislos an. Erstens konnten wir das Problem der beiden beim besten Willen nicht erkennen, zweitens hätten wir uns gern über etwas Spannenderes unterhalten.

»Vielleicht ist das jetzt aber der Moment, etwas gegen ihre Ballmaschine zu unternehmen«, fuhr meine Großmutter fort.

»Ihre Ballmaschine?«, fragte ich nach.

»Ja«, antwortete Grandpa. »Die Ballmaschine von ihrem Tennisplatz. Sie ist äußerst laut und wirft die Bälle vollkommen unberechenbar ...«

» ... sodass sie überall gegenbumsen«, beendete Emily den Satz für ihren Mann.

Mir gelang es ja gerade noch, die Serviette an den Mund zu heben, Mom aber lachte schallend auf. »Was machen die Bälle?«, wollte sie noch einmal von ihrer Mutter wissen.

»Sie bumsen überall gegen«, wiederholte Grandma.

»Wirklich?«, platzte Mom heraus. »Und das vor allen Leuten?«

Jetzt erst sah Emily von ihrem Teller auf. Sie brauchte einen Moment, um zu kapieren, was ihre Tochter gerade gesagt hatte. »Lorelai, du bist kindisch!«, sagte sie dann streng.

»Und du hast keinen Humor«, antwortete Mom.

»Sag mal, Grandpa«, schaltete ich mich schnell ein und versuchte das Thema zu wechseln. So angespannt, wie die Atmosphäre war, konnte aus einem derart kleinen Geplänkel schnell eine echte Missstimmung werden. »Wie gehen denn deine Geschäfte?«

»Danke der Nachfrage«, antwortete Grandpa. Er ist einfach immer Gentlemen! Das bewundere ich an ihm. Und überhaupt: Wir verstehen uns einfach. »Die Geschäfte gehen gut«, sagte er. »Und die Sache mit Jason Stiles wird zunehmend konkreter.«

»Sagen wir es doch genauer«, fiel Grandma ein. »Du hast ihn als Kompagnon aufgenommen. Die Verträge sind bereits unterschrieben.«

»Ach«, machte Mom. »Und jetzt ist Digger Stiles

dein Partner?« Mom kannte Jason Stiles, genannt Digger, noch von früher. Er zählte nicht zu den Leuten, mit denen sie sich bestens verstanden hatte. Warum? Sein Spitzname Digger – Angräber, Baggerer – sagte wohl alles!

»Die Zeitung wird darüber berichten«, antwortete meine Großmutter. »Wenn alles so läuft, wie wir es uns vorstellen«, fuhr sie fort, und ich merkte, dass Grandpa bei dem Wort »wir« ein wenig zusammenzuckte, »wird es einen Artikel mit Foto geben. Das ist eigens aufgenommen worden. Und natürlich werden wir auch einen kleinen Empfang zu diesem Ereignis ausrichten. Nicht wahr, Richard?«, versicherte sie sich bei ihrem Mann.

»Gewiss, Emily«, antwortete Grandpa.

Irgendwie war es schon beachtlich: Wer hätte angesichts dieser vollendeten Form, mit der das Ehepaar Gilmore über die bevorstehende Veränderung in der Firma sprach, auf die Idee kommen können, dass sie zu diesem Thema eine relativ unterschiedliche Meinung hatten? Während sich Grandpa nämlich seinerseits freute, dass Jason Stiles auf diese Weise seinem eigenen Vater, für den mein Großvater früher einmal gearbeitet hatte, eins reinwürgen wollte, fand Grandma ihrerseits eine solche Undankbarkeit von einem Sohn einfach unerhört.

Mom hörte sich das alles ohne weiteren Kommentar an. Und ich bin sicher, dass sie sich schon in diesem Moment vornahm, an dem Tag, wenn der Empfang stattfand, keine Zeit zu haben. Sofern sie überhaupt eingeladen wurde ...

Dass ich keine Zeit haben würde, zu dem Empfang zu gehen, wurde mir spätestens zu Beginn der nächsten Woche klar. Schon als unser Kursleiter etwa 14 Tage zuvor dem Kurs eine neue Lektüreliste überreicht hatte, war mir heiß und kalt geworden. An diesem Morgen erklärte er uns ohne Umschweife, dass sich die Termine, bis zu denen wir die Bücher vorbereitet haben sollten, verschieben würden. Wir mussten leider mit jedem Titel eine Woche früher fertig sein!

Ich packte meine Hefte zusammen und machte mich auf den Weg zu meiner Wohneinheit. Jetzt half kein Jammern und kein Klagen mehr. Jetzt half nur noch eins: arbeiten! Aber schon während ich den Schlüssel in das Schloss unserer Tür steckte, hörte ich von drinnen ein feines, regelmäßiges Quietschen. Wie von einem Hamsterlaufrad, dem ein Tropfen Öl fehlt.

Sobald ich eingetreten war, sah ich die Ursache des Quietschens. Meine Mitbewohnerin Janet hatte ein Trampolin im Wohnzimmer aufgestellt. Sie hechelte und japste im regelmäßigen Lauf-Rhythmus ihrer Beine, was einen interessanten Kontrast zum Quietsch-Geräusch des Trampolins bildete. Zugleich versetzte sie den Boden unserer Wohnung in ein feines Beben.

»Oh, ist das neu?«, fragte ich, während Janet mit stur geradeaus gerichtetem Blick weiterlief.

»Ja«, antwortete sie. »Ist gut für die Gelenke.«

»Das quietscht aber«, bemerkte ich vorsichtig. Ich hoffte, dass sie den kleinen Hinweis verstand. Schließlich studierten in unserer Wohngemeinschaft nicht alle Sport. Manche brauchten ein bisschen Ruhe für ihre Lektüre.

»Stimmt«, stieß Janet atemlos zwischen zwei Schritten hervor. »Es quietscht.«

In diesem Moment klingelte es im Zimmer von Paris und mir.

»Telefon!«, japste Janet.

Ich dankte ihr für diesen Tipp und öffnete die Tür nach nebenan.

Paris saß auf ihrem Bett. Sie hatte die Arme verschränkt und starrte wütend vor sich hin. Das Telefon stand neben ihr auf der Kommode in der Basisstation und klingelte in einem fort.

»Paris? Willst du nicht drangehen?«

Paris sah auf. Ihr Gesicht trug den unverwechselbaren Ausdruck, den sie aufsetzt, wenn sie schmollt.

»Nein, ich will nicht drangehen!«, sagte sie.

»Warum denn nicht?«, hakte ich nach.

»Das ist Jamie. Wir haben Streit.«

»Aha«, meinte ich, während das Telefon weiter sein nervtötendes Klingeln verbreitete. »Weiß Jamie denn, dass ihr Streit habt?«

»Natürlich weiß er das!«, fauchte Paris.

»Und warum legt er dann nicht auf?« Ich spürte, dass ich allmählich nervös wurde, was mich auch angesichts der Leseliste, die ich zu bewältigen hatte, nicht im Geringsten verwunderte. Oder lag es vielleicht doch eher an Paris mit ihrer ständig patzigen Art?

Das Telefon klingelte unterdessen weiter. Ich legte meine Tasche ab, dann ging ich darauf zu.

»Nicht drangehen!«, fuhr Paris auf.

»Aber er legt nicht auf«, entgegnete ich.

»Mir doch egal«, meinte Paris und sah an die Decke.

»Wieso habt ihr überhaupt Streit?«, versuchte ich es auf die logische Tour. Wobei ich mir nicht ganz sicher war, wie lange ich das bei dem pausenlosen Geklingel durchhalten würde.

»Er hört mir nie zu!«, sagte Paris. Plötzlich schnappte sie sich das Telefon. »Du hörst mir nie zu!«, schrie sie hinein. Dann knallte sie den Hörer auf ihre Bettdecke.

Sekunden später klingelte das Telefon erneut.

»Geh nicht dran!«, warnte mich Paris. »Ich meine es ernst!«

Aber ich war schneller. Bevor Paris es verhindern konnte, hatte ich das Telefon an mich gerissen. »Hallo?«, meldete ich mich. »Hi, Jamie. Ja, Paris ist da. Augenblick.« Ich reichte Paris den Hörer. »Ich brauche nämlich Ruhe«, erklärte ich. »Ich will lernen.«

Ich hatte eigentlich gedacht, dass Paris wirklich nicht mit Jamie sprechen wollte. Aber dafür, dass sie das bis gerade eben noch so vehement behauptet hatte, brach jetzt ein ungeheurer Redeschwall aus ihr heraus.

»Nein, ich habe nicht über uns nachgedacht!«, zeterte sie los. »Und ich habe auch Besseres zu tun, als mir pausenlos Gedanken darüber zu machen, was du willst, was du meinst oder was du sonst noch denken könntest. Und überhaupt, was ich dir immer schon mal sagen wollte ...«, schaltete sie jetzt auch noch in den nächsthöheren Gang.

Auf diese Weise war an Lernen natürlich auch nicht zu denken. Ich hätte mir die Haare raufen können!

Ich ging wieder zu Paris und nahm ihr den Hörer aus der Hand. »Hör zu, Paris«, sagte ich. »Ich muss lernen. Bitte nimm dein Handy und sag Jamie, er soll dich darauf noch mal anrufen.«

»Das geht nicht«, sagte Paris. »Die Akkus sind leer. Und überhaupt, wer hat denn gesagt, dass ich ans Telefon gehen soll ...«

»Dann nimm mein Handy«, schlug ich vor.

»Was hast du denn für einen Vertrag?«, bohrte sie jetzt nach. »Ich telefoniere doch nicht von deinem Handy aus, wenn du einen teuren Vertrag hast und ich es nachher bezahlen muss. Und mit Jamie rede ich unter diesen Bedingungen schon gar nicht ...«

»Paris!«, schrie ich sie jetzt fast an. Ich merkte, wie mir jetzt einfach die Nerven durchgingen. »Nimm dieses Handy und geh! Bitte! Ich muss lernen!«

Paris sah mich an. Sie nahm das Telefon, das ich ihr hinhielt. »Jamie, ich rufe dich gleich noch mal an«, sagte sie. Ihre Stimme klang so verbindlich wie die einer Gefängnisaufseherin. Dann riss sie mir mein Handy aus der Hand und stapfte hinaus.

Geschafft! Erleichtert ließ ich mich an meinen Schreibtisch sinken. Paris war draußen, und auch das Quietschen des Trampolins hatte aufgehört.

Ich schlug mein Heft und mein Buch auf und begann mich in meine Arbeit zu vertiefen.

In diesem Moment drangen unterdrückte Männerstimmen durch die Wand.

»Augenblicklich ist noch alles unklar. Tut mir Leid. Wenn es hart auf hart kommt, könnte die Sache auf einen Krieg hinauslaufen.«

»Sir, was meinen Sie? Ist ein Krieg in dieser Region noch zu verhindern?«

Ich war mir ziemlich sicher, dass es sich nicht um die Stimmen von Tanna und Janet handelte. Selbst wenn Janet noch so viele Anabolika genommen hätte. Wütend knallte ich meinen Stift auf den Schreibtisch und ging ins Gemeinschaftszimmer.

Tanna saß in einem der riesigen Sessel, die Grandma ›gestiftet‹ hatte und sah gebannt auf die Mattscheibe unseres Fernsehers.

Auf dem Bildschirm standen ein paar vierschrötige Typen in langen, von Matsch bespritzten Militärmänteln herum und verhandelten die Geschicke Europas. Des alten Europas wohlgemerkt. Zur Zeit des ersten Weltkriegs nämlich.

»Tanna«, bat ich, und zum Glück gelang es mir, einen anderen Ton als Paris gegenüber anzuschlagen. »Bitte, Tanna, ich versuche zu lernen.«

Tanna sah mich an. »Ja. Und?«

»Ich höre den Fernseher durch die Wand.«

»Ach so.« Einen Augenblick lang dauerte es, bis Tanna die Information offensichtlich verarbeitet hatte. Dann erschien eine grüblerische Falte auf ihrer Stirn. »Soll das heißen, ich soll ausmachen?«, fragte sie dann. Dabei sah sie mich an wie das Kaninchen die Schlange.

Sie tat mir schon wieder Leid. »Aber nein«, sagte ich, »wenn du nur ...«, begann ich.

»Kein Problem«, sagte Tanna. »Deine Großmutter hat den Fernseher bezahlt, und du darfst darüber bestimmen. Ich tu alles, was du sagst und ...«

»Ich will ja gar nicht darüber bestimmen«, sagte ich schnell. »Ich möchte dich nur bitten, etwas leiser zu stellen. Weil ich nebenan lernen muss.«

»Klar, kein Problem«, sagte Tanna. »Ich werde einfach ganz leise stellen und mein Ohr an den Lautsprecher drücken.«

In diesem Moment bereute ich bereits, dass ich überhaupt darauf verfallen war, meine Idee an Tanna heranzutragen.

»Das Problem ist nur«, fuhr sie fort und richtete den Blick nach oben, »dass die Lautsprecherboxen an der Decke hängen. Aber vielleicht kann ich mir eine Leiter holen. Das heißt, dann müsste ich mir natürlich etwas überlegen, wie ich dann den Bildschirm sehen kann. Vielleicht mit einem Spiegel?«

Eigentlich hatte ich das Gefühl, platzen zu müssen, doch auf einmal erschien vor meinem geistigen Auge eine weite grüne Landschaft. Der Wind wehte leicht über die sanften Hügel, und alles war ruhig und friedlich. Ruhig und friedlich. Ruhig und friedlich. Man nennt so etwas Autosuggestion. Ich hatte es zwar noch nie zuvor angewandt, aber es wirkte sofort.

»Oh, Tanna«, sagte ich. »Vergiss es! Vergiss einfach alles, was ich gesagt habe.«

Dann ging ich in mein Zimmer, packte Bücher und Hefte zusammen und verließ die Wohneinheit.

Ich will nicht sagen, dass Mom und Sookie nichts zu tun hatten, solange das *Dragon Inn* noch nicht eröffnet war. Der Umbau des Hauses beanspruchte sie sogar sehr. Ständig gab es etwas Neues zu entscheiden. Und jede Entscheidung kostete Geld.

Das Problem war nur, dass das Geld insgesamt eher knapp war. Und dass eine Kleinstadt wie Stars Hollow nicht jeden Tag Bedarf für einen Catering-Service hatte, wie Mom und Sookie ihn als zweites Standbein neben dem Hotel betrieben, ist auch verständlich. Umso erleichterter war Mom, als Sookie gleich zu Beginn der Woche mit der guten Nachricht zum Hotel kam, dass der

Catering-Service einen neuen Auftrag hatte. Für eine Dinner-Party.

»Das ist ja super!«, freute sich Mom. »Das ist genau das, was wir im Moment brauchen.«

»Ja«, stimmte Sookie zu. »Das ist genau das, was wir im Moment brauchen. Die Sache hat nur einen kleinen Haken.«

»Ach, und der wäre?«, fragte Mom.

»Der Auftrag kommt von deiner Mutter. Es ist der Empfang für deinen Vater und seinen neuen Kompagnon«, erklärte Sookie.

Ich konnte mir Moms Gesicht bei dieser Enthüllung bestens vorstellen. »Oh, Sookie«, quiekte sie leise. »Hast du gerade von ›wir‹ gesprochen?«

»Aber ja«, antwortete Sookie überrascht. »Wie ... was meinst du?«

»Ich habe völlig vergessen, meiner Mutter von unserem Catering-Service zu erzählen«, erklärte Mom. »Auch wenn ich sie seit seinem Bestehen etwa 40 bis 50 Mal gesehen habe. Und du weißt, wie sehr sie es hasst, wenn man ihr etwas nicht erzählt.«

»Aber als ich ihr gesagt habe, dass ich den Catering-Service mit dir zusammen betreibe, hat sie nur ›Wie schön‹ gesagt«, wusste Sookie zu berichten.

»Siehst du?«, seufzte Mom. »Das sagt schon alles. Sie ist stocksauer. Okay«, fuhr sie dann fort, »also, ich werde dir jetzt erklären, warum wir diesen Auftrag nicht annehmen kö-«

»Kommt überhaupt nicht in Frage!«, fiel Sookie ihr aber ins Wort. »Ich weiß, es wird dir nicht leicht fallen, für deine Mutter zu arbeiten. Aber es ist die letzte Chance, bevor das Baby kommt«, erklärte sie und deutete auf ihren Bauch, der sich in den letzten Wochen beträchtlich gerundet hatte. »Lorelai, wir können uns diesen Auftrag nicht entgehen lassen! Er bringt uns einen Batzen Geld. Und das können wir mehr als dringend gebrauchen.«

»Das ist ja gerade der Punkt«, widersprach Mom. »Indem sie uns bezahlt, hat sie uns in der Hand. Sie kann uns quälen, und wir können uns nicht dagegen wehren.«

»Hm«, meinte Sookie. »Klingt nach antiker Sklaverei ...«

»Das ist es auch«, seufzte Mom. »Und wenn Emily die Frau eines Pharaos gewesen wäre, hätte sie ihre Freude daran gehabt, Hunderttausende von Sklaven in der Hitze der ägyptischen Sonne überdimensionale Steinquader schleppen zu sehen und ...«

»Also, jetzt mach mal halblang«, wischte Sookie Moms Vision vom Tisch. »Wir sollen keine Pyramiden errichten, sondern Essen auftischen. Du kannst bestimmt 90 Prozent des Abends in der Küche verbringen, völlig ungestört. Und das Haus kennst du auch schon. Das Ganze wird ein Sonntagsspaziergang. So leicht werden wir nie wieder an Geld kommen!« Sookie hatte sich richtig in Begeisterung geredet.

Lorelais Blick wanderte über die Baustelle. Überall wurden Mauern gezogen oder abgerissen, Durchbrüche geschlagen und Rohre verlegt. Das alles verschlang Unsummen von Geld.

»Na gut«, meinte sie schließlich resigniert. »Wenn es wirklich sein muss, dann machen wir es eben.«

»Was? Bestimmt?«, fragte Sookie begeistert nach. »Lorelai, ist das dein Ernst?« Sie hatte die Hoffnung auf die Zustimmung ihrer Freundin wohl schon aufgegeben.

»Frag bloß nicht noch mal nach ...«, seufzte Mom, »sonst überlege ich es mir noch anders ...«

10

Die Küche unseres Hauses ist nicht klein, und auch wenn Mom selbst niemals kocht, so eignet sie sich doch perfekt für die Herstellung mehrgängiger Menüs. Ob sie sich für die Herstellung mehrgängiger Menüs für mehr als zwanzig Personen eignete – nun ja, für die Herstellung vielleicht noch. Aber sicher nicht für die Lagerung.

Sookie holte gerade wieder ein Blech voller kleiner Broccoli-Tartes aus dem Backofen.

»Probier mal«, sagte sie zu Mom und legte ein Minitörtchen auf einen Teller, der vor ihr stand.

»Oh, Sookie, ich kann nicht mehr!«, stöhnte Mom.

»Komm schon, Lorelai«, antwortete Sookie. »Du weißt, wie pingelig deine Mutter ist. Wenn mir diese Tartes nicht gelingen ...«

»Aber sie gelingen dir doch«, antwortete Mom und deutete kurz auf die Tür zu meinem Zimmer. »Es gibt wohl kaum einen besseren Beweis als da hinten ...«

»Diese Tartes werden zum Aperitif gereicht«, antwortete Sookie, während sie das nächste Backblech in den Ofen schob. »Und wenn damit etwas nicht stimmt, ist die Stimmung für sämtliche folgenden Gänge ... Apropos«, sagte sie. Sie drehte sie um und sah Lorelai aufmunternd an. »Du musst noch mit deiner Mutter sprechen. Wir haben noch nicht geklärt, ob sie lieber einen Fisch- oder einen Käsegang haben will. Rufst du sie an?«

»Ach«, meinte Mom wegwerfend. »Warum so kompliziert? Mach doch einfach einen Fisch-Käse-Gang.«

Sookie kräuselte die Nase. »Wie bitte? Einen Fisch-Käse-Gang? Lorelai, das ist nicht dein Ernst ... Bitte, ruf sie an und frag sie.«

Mom setzte ein Miene auf wie ein kleines, verlorenes Hündchen. »Warum? Wieso muss ich sie anrufen? Du hast doch diesen Job mit ihr vereinbart.«

»Du bist aber für die Organisation zuständig«, antwortete Sookie und deutete mit einem Mehl bestäubten Finger auf Lorelai. Dann deutete sie auf sich. »Und ich habe Mehl an den Händen. Also.«

Seufzend griff Mom nach dem Telefon. Noch bevor das Freizeichen ertönte, stellte Sookie ihr eine Schüssel vor die Nase und drückte ihr einen Schneebesen in die freie Hand. »Die Linke brauchst du im Moment ja nicht«, meinte sie flüsternd.

Ich weiß nicht, ob Mom sich schon dachte, was jetzt kommen würde. Aber ich bin sicher, geahnt hat sie es auf jeden Fall.

Meine Großmutter meldete sich mit ihrer üblichen kühl-distanzierten Stimme.

»Hallo, Mom«, begrüßte meine Mutter sie. »Ich bin's, Lorelai. Wir müssen noch ein paar Dinge klären. Wegen der Dinner-Party, für die du Sookie und mich als Catering-Service bestellt ...«

»Es ist schön, dass ich auf diesem Wege von deiner neuen Firma erfahre«, fiel Grandma ihr in einem Tonfall allergrößter Freundlichkeit ins Wort. »Ich gratuliere dir dazu! Wie heißt euer Service doch gleich?«

Eigentlich hatte Mom sich nicht über die Gründung des Catering-Service unterhalten wollen, sondern über einen ganz bestimmten Auftrag.

»Wir nennen uns die *Independence Catering Company*«, antwortete sie und bemühte sich, ihre Stimme nicht genervt klingen zu lassen. Vielleicht zeigte ihre Mutter ja auch einfach nur echtes Interesse und Anteilnahme.

»Ah, die *Independence Catering Company*«, wiederholte Grandma. »Vor ein paar Jahren gab es mal eine Firma, die nannte sich *Independent Catering*. Sie war sehr beliebt – bis nach einer Benefiz-Veranstaltung, die *Independent Catering* beliefert hatte, etwa 300 Leute mit Lebensmittelvergiftung im Krankenhaus landeten. Danach konnten sie dichtmachen.«

Mom saß in unserer Küche und verdrehte die Augen.

»Wenn ich von eurer Firmengründung erfahren hätte, hätte ich euch sicher ein paar wertvolle Tipps geben können«, endete Grandma. Und es gelang ihr einmal mehr, das Gift, das sie mit dieser Antwort verspritze, unter dem zarten Schmelz ihrer wohltönenden Stimme zu tarnen.

Mom versuchte sich herauszureden. Sie erfand irgendetwas von einem Flyer – den es in Wirklichkeit nie gegeben hatte –, der wohl ganz zufällig in der Post verloren gegangen sein musste, als sie ihn Grandma geschickt hatte.

Zu ihrer großen Erleichterung ging meine Großmutter nicht weiter auf die Sache ein, sondern machte sich daran, Lorelai die Liste ihrer Wünsche für die Dinner-Party durchzugeben. Mom schrieb alles brav auf.

»Den Rest regeln wir beim Probeessen, das ich bereits mit Sookie verabredet habe«, schloss Grandma.

»Ja, in Ordnung«, bestätigte Mom und nickte. Dabei

beobachtete sie, wie sich unversehens die feinen Flaumhärchen auf ihren Unterarmen in die Höhe stellten.

»Ach, und noch etwas«, setzte meine Großmutter aber plötzlich hinzu. »Diesen Flyer, von dem du gerade gesprochen hast – den hat es natürlich nie gegeben. Ich möchte dir eins sagen, Lorelai: Wenn mich eine andere Firma derart auf den Arm nehmen würde, würde ich den Vertrag sofort kündigen.«

Es war klar, dass Grandma dies als Drohung gemeint hatte. Für Mom aber war es eher eine unverhoffte Chance. Plötzlich sah sie wieder eine Möglichkeit, um den Job herumzukommen, ohne dass sie selbst viel dafür tun musste. Und ohne dass Sookie sie dafür verantwortlich machen konnte. »Ach ja?«, fragte sie nach und ihre Augen leuchteten. »Dann tu es doch!« Im selben Moment bemerkte sie, dass Sookie ihr flehende Blicke zuwarf. »Hör zu, wir machen hier ein Geschäft«, lenkte sie daher ein. »Ich tu dir keinen Gefallen und du mir nicht. Ich bestehe darauf, dass du uns behandelst wie jede andere Catering-Firma auch. Wenn du nicht zufrieden bist, kannst du uns jederzeit kündigen.«

Meine Großmutter zog geräuschvoll die Luft durch die Nase ein. »Wie du wünschst«, sagte sie. »Also dann. Wir sehen uns morgen zum Probeessen.«

»Ja«, antwortete Mom knapp. »Bis morgen.« Dann legte sie auf.

Und genau dies war der Moment, in dem ich nach Hause kam. Ich hatte meine Sachen in Yale zusammengepackt und war ins Auto gestiegen. Mein Ziel war ein Ort, an dem ich in Ruhe lernen konnte: mein Zuhause.

Schon von weitem nahm ich den köstlichen Duft wahr, der aus der Küche drang. Und ich sah Sookie, die sich gerade mit ihrem riesigen Kugelbauch zum Backofen hinunterbeugte und ein Blech mit irgendeiner Leckerei herausholte, während Mom am Küchentisch saß und sich die Haare raufte.

»Hi, Mom! Hi, Sookie!«, rief ich gut gelaunt. Dann lief ich gleich weiter in mein Zimmer. Erstens wollte ich meine schwere Büchertasche abstellen, zweitens hatte ich keine Zeit zu verlieren: Die Termine für die Leseliste rückten mit jedem Augenblick näher. Ich war froh, dem Chaos in Yale entronnen zu sein.

Sobald ich aber die Schwelle zu meinem Zimmer überschritten hatte, prallte ich zurück. Der Geruch, der mir eben noch so köstlich in die Nase gestiegen war, durchdrang mit unerträglicher Intensität mein ganzes Zimmer. Ein Dunst aus Kohlgeruch, Gebäck und etwas Käsigem lag schwer in der Luft. Jeder Zentimeter Stellfläche war belegt. Mein Schreibtisch, mein Nachttischchen, meine Kommode und jeder freie Fleck im Bücherregal – alles war über und über zugestellt mit Tellern und Platten voller kleiner, runder Törtchen.

»Was ... was ist das denn?«, fragte ich. Zweifellos handelte es sich um ein Produkt von Sookies Kochkünsten. Aber während ich diese sonst sehr schätzte, verdarb mir solch eine Unmenge an Törtchen und ihr impertinenter Geruch schlagartig den Appetit.

»Das sind Broccoli-Quiches«, erklärte Mom.

»Tartes«, verbesserte sie Sookie. »Es sind natürlich Broccoli-Tartes.«

»Aber ... Wie soll ich denn hier lernen?«, fragte ich und hielt mir die Nase zu. Der Geruch wurde allmählich unerträglich.

»Na hör mal«, meinte Mom. »Die armen Kinder in Indien wären froh, wenn sie in ein Zimmer voller Quiches kämen ... Tartes«, sagte sie dann schnell, als sie Sookies giftige Blicke sah. »Ich meine natürlich Tartes.«

Es ist richtig, dass es immer noch viel zu viel Hunger in der Welt gibt. Und es ist richtig, dass man sich freuen soll, wenn man genug zu essen hat.

Aber es ist auch richtig, dass es arme reiche Kinder aus Yale gibt, die sich nach nichts mehr sehnen, als einem kleinen bisschen Ruhe zum Lernen und etwas Platz für ihre Bücher!

Morgens war es nun schon kühl. Meine Mutter schlug den Kragen ihrer Lederjacke hoch. Gleichzeitig fragte sie sich, ob das Frösteln wirklich von den herbstlichen Temperaturen herrührte, oder ob sie der Schauer nicht im Hinblick auf die unmittelbare Zukunft überlief. Die Zukunft der nächsten drei Stunden, die hinter den schweren Türen ihres Elternhauses auf sie und Sookie wartete.

»Wow!«, machte Sookie, während sie stapelweise weiße Tischdecken, Servierplatten und Auflaufformen aus Lorelais Auto holten. »Hier bist du aufgewachsen?« Sie betrachtete mit deutlicher Ehrfurcht die Gärtner, die jedes einzelne Ahornblatt aus dem Brunnen holten und die Buchsbaumhecken mit Nagelscheren stutzten – zumindest hätte man das glauben können, so akkurat waren die Pflanzen geschnitten. »Das ist ja wie das Haus von Citizen Kane«, endete Sookie beeindruckt.

Lorelai hörte gar nicht auf sie. »Ein Probeessen!«, schnaubte sie. »Das ist doch alles nur ein Vorwand! Sie hat nichts weiter vor, als mich zu demütigen. Wehe, wenn sie mich zwingen will, eine Uniform anzuziehen. Oder eine Serviette über den Arm zu legen!«

»So schlimm wird es schon nicht werden«, antwortete Sookie. »Wir werden einfach unseren Job machen. Wir werden deine Mutter bewirten, dass es eine wahre Freude ist.«

Mittlerweile waren sie vor der Haustür angekommen. Mom drückte die Klingel. Drinnen erklang ein tiefer Gong – das typische Geräusch wohlhabender Haushalte.

»Gibt es hier auch eine Zugbrücke?«, fragte Sookie im Flüsterton und unterdrückte ein Kichern.

In diesem Moment wurde geöffnet. Eines der vielen Hausmädchen, die Grandma in ihrem Leben schon verschlissen hatte, erschien. Es trug ein dunkles Kleid und – unglaublich, aber wahr! – einen kleinen Spitzenkragen. Wie im Film!

»Sie wünschen?«, fragte das Hausmädchen. Eigentlich hätte das Mädchen Mom wiedererkennen müssen. Aber davon war ihr nichts anzumerken.

»Wir sind vom Catering-Service«, antwortete Sookie aufgeräumt. »Wir sollen hier in ein paar Tagen ...«

»Der Dienstboteneingang ist gleich um die Ecke«, antwortete das Hausmädchen eisig. Damit flog die schwere Eichentür auch schon wieder ins Schloss.

Mom und Sookie sahen sich an. »Hey, war das ... war das ein richtiges Hausmädchen?«, fragte Sookie fassungslos.

Mom überhörte diese Frage. »Komm mit«, sagte sie nur.

Währenddessen war ich längst wieder nach Yale zurückgekehrt. Eigentlich hatte ich ja vorgehabt, ein paar Tage in Stars Hollow zu bleiben und mich auf meine Lektüreliste zu stürzen. Dafür wäre ich sogar bereit gewesen, die eine oder andere Übung am College zu schwänzen – aber dann hatte die Invasion der Broccoli-Tartes meine Pläne ja doch wieder umgeworfen. Nun wanderte ich seit Tagen durch Yale. Allerdings nicht ziellos, sondern mit einem ganz konkreten Vorhaben: Ich wollte einen ruhigen Ort finden.

Die Bibliotheken schieden weitgehend aus. Dort war es zwar ruhig, aber schrecklich kalt. Und irgendwie einsam an den riesigen Tischen. Ich lief den Flur entlang, auf der Suche nach einem stillen Winkel in einem der Übungsräume. Aber noch bevor ich einen gefunden hatte, kam ein Studienkollege über den Flur gerannt.

»Scheiße, Scheiße, Scheiße!«, schimpfte er lauthals. »Die Kurse hier sind doch alle irgendwie Scheiße!« Damit war klar, dass ich auch in den Übungsräumen keine Ruhe finden würde.

Gerade wollte ich einen neuen Versuch starten, mich in unsere Wohneinheit zurückzuziehen, als mir bereits durch die geschlossene Tür weiterhin der Fernseher und das Klingeln des Telefons entgegentönten. Dazu schrie Paris: »Nicht drangehen! Auf gar keinen Fall! Ich bin stocksauer!« Daraufhin ließ ich meinen Schlüssel sinken, drehte mich auf dem Absatz um und lief die Treppen hinab nach draußen. Ruhe, Ruhe, Ruhe! Ich verlangte ja nicht viel, nur ein bisschen Ruhe!

Die Luft war angenehm frisch. Ein schwacher Wind wehte mir ins Haar. Die Bäume des Parks, der das College umgibt, begannen sich zu verfärben. In den letzten wärmenden Sonnenstrahlen saßen ringsum die Studenten im Gras. Sie hatten ihre Bücher und Hefte um sich herum verteilt und lernten, oder sie unterhielten sich miteinander. Die Atmosphäre war entspannt und friedlich.

Da stand er plötzlich vor mir! Völlig unvermittelt! Kräftig, stark und groß. Und fest in der Erde verwurzelt. Seine Krone ragte in den blauen Himmel. Seine Blätter rauschten sanft. Und seine Rinde atmete den letzten Hauch der Wärme des Sommers.

Es durchfuhr mich wie ein Blitz, und ich wusste: Das war *mein* Baum!

Mit wenigen Schritten war ich bei ihm. Ich setzte mich auf den Boden, lehnte den Rücken an seinen Stamm und sah hinauf in die Krone. Plötzlich umgab mich die Ruhe, nach der ich so lange vergeblich gesucht hatte. Und absoluter Friede durchdrang mich kurz darauf.

Ich atmete noch einmal tief durch. Dann holte ich meine Hefte und Bücher heraus, schlug sie auf und vertiefte mich in meine Lektüre.

Als meine Mutter an diesem Abend vom Haus meiner Großeltern zurück in die Stadt fuhr, hatte sie die Nase gestrichen voll. Sie fühlte sich wie durch die Mangel gedreht. Sie hatten den ganzen Tag bei ihrer Mutter zum Probeessen verbracht und sich über einzelne Bausteine des Menüs geeinigt. Zum Beispiel, ob man im ersten Gang gebratenen Spargel mit Parmesan reichen wollte, oder lieber dreierlei Wintersuppen. Sie hatten sich über die Dekoration unterhalten – cremeweiße oder reinweiße Tischdecken, halblange Kerzen oder mittellange, Blumenschmuck einfarbig oder mehrfarbig – und Grandma hatte über alles genau Buch geführt und sich seitenweise Notizen gemacht. Zwar hatte Mom weder Uniform tragen noch das Essen vorlegen müssen, aber allein die Tatsache, wie ein Schulmädchen neben ihrer Mutter zu stehen und sich beurteilen lassen zu müssen, hatte sie als reichlich demütigend empfunden.

Immerhin – irgendwie hatte es sich doch gelohnt. Denn am Ende hatten Sookie und Mom den Job bekommen. Damit war ein kleiner Teil der Umbauarbeiten für das Hotel schon wieder gedeckt. Und privat fiel auch für beide etwas ab.

Ich kann mir lebhaft vorstellen, wie Mom die Tür zu Lukes Café aufriss.

»Cheeseburger, Zwiebelringe und eine Liste von Menschen bitte, die ihre Eltern ungestraft ermorden konnten«, rief sie Luke entgegen. »Heute Abend brauche ich ein paar Vorbilder.«

Luke lehnte sich über die Theke und sah Mom an. »Und? Wie war das Probeessen?«

»Wir haben den Job«, antwortete Mom. Sie tippte sich ein paar Mal an die Stirn. »Auch wenn es eine komplett schwachsinnige Veranstaltung war.«

»Das haben Probeessen wohl so an sich«, antwortete Luke und sah an Lorelai vorbei zu einem der Tische.

Mom drehte sich herum und sah Kirk. Er saß allein an einem Tisch und führte Selbstgespräche. Dabei sah er konzentriert zum gegenüberliegenden Sitzplatz. Er nickte bestätigend, als hätte er gerade eine zufrieden stellende Aussage seines imaginären Gegenübers gehört. Und dann lächelte er verbindlich.

»Was macht Kirk denn da?«, wollte Mom von Luke wissen.

»Er übt für sein Date«, antwortete Luke. »Und er behauptet, du hättest ihn hierher geschickt.« Luke klang deutlich genervt.

Mom kramte in ihrem Gedächtnis. Sie erinnerte sich, dass Kirk sie vor ein paar Tagen angesprochen hatte, ob Sookie und sie auch ein Catering für zwei Personen ausrichten würden. Weil er sich mit einem Mädchen treffen wollte, das er nett fand. Abgesehen davon, dass Mom es kaum glauben konnte, dass Kirk wirklich ein Date hatte – und er dadurch vielleicht aufhören würde, Lorelai zu beschützen –, hatte sie ihm empfohlen, für ein Date lieber einen hübschen Ort zu suchen, an dem er sich wohl fühlte –, anstatt die Veranstaltung im Wohnzimmer seiner Mutter stattfinden zu lassen. Und das war nun dabei herausgekommen: Kirk saß in Lukes Café und übte für seinen großen Auftritt. Es sah ziemlich schräg aus.

»Kirk hat ein Date?«, wiederholte Mom verblüfft. »Oh, ja richtig«, flüsterte sie dann. »Und er lädt das Mädchen hierhin ein? Ausgerechnet? Zu Hamburgern und Hackbraten? Das ist ja echt romantisch ...«

»Schnitt! Aus! Alles auf Anfang!«, rief Kirk in diesem Moment. Er sprang auf und spulte die Videokamera zurück, die auf einem Stativ an der gegenüberliegenden Seite des Tisches stand. Dann setzte er sich wieder und probte die Szene von neuem.

»Zu Hause sieht er sich alles an und überlegt, was er besser machen könnte«, flüsterte Luke. »Und er hat schon fast die komplette Speisekarte bestellt, nur um festzustellen, bei welchem Gericht er am wenigsten kleckert.«

»Nun ja«, meinte Mom und sah weiter zu Kirk. »Er ist ein komischer Vogel. Ein bisschen verrückt. Aber irgendwie ... irgendwie ist es doch verständlich. Ich meine, jeder sucht doch einen Menschen, mit dem er sich wohl fühlt. Einen Partner fürs Leben. Oder etwa nicht?«, wandte sie sich an Luke.

Ich weiß, dass Mom einen ganz speziellen Blick drauf hat, wenn sie so etwas sagt. Ganz ohne Absicht. Und ich weiß auch, dass es Männern sehr schwer fällt, diesem Blick standzuhalten.

Luke erwiderte ihren Blick daher nur für einen kurzen Moment. »Ab morgen hat er hier 'ne Gummizelle«, sagte er dann und ließ damit Moms eigentliche Feststellung, nämlich, dass doch jeder einen Partner fürs Leben sucht, unbeantwortet.

11

Ich weiß nicht genau, wie es gelaufen ist, aber es muss wohl eine ganz schöne Überraschung gewesen sein. Vor allem für Grandma.

Wie sie zur Person von Jason Stiles, dem zukünftigen Kompagnon ihres Mannes stand – nun, das ist eine etwas komplizierte Sache. Ich würde sagen, sie fand ihn eigentlich unmöglich. Weil sie der Ansicht ist, dass Kinder ihren Eltern gegenüber grundsätzlich zu Dankbarkeit verpflichtet sind. Die Tatsache aber, dass Jason Stiles der Sohn von Grandpas früherem Arbeitgeber ist, der meinen Großvater ziemlich übel abserviert hatte, und dass er es offenkundig ablehnte, das Geschäft seines Vaters zu übernehmen, verschaffte ihr andererseits eine große Genugtuung. So bekam Floyd Stiles endlich, was er verdiente – ohne dass Grandpa selbst einen Finger dafür krümmen musste.

Entsprechend wichtig war meiner Großmutter die gesellschaftliche Wirkung der Dinnerparty. Sie sollte perfekt ausgerichtet sein! Ein gesellschaftliches Ereignis, von dem Stars Hollow und die Versicherungsbranche noch lange sprechen würden.

»Ah, Jason«, sagte Grandma, als Jason Stiles an einem dieser Tage im Haus meiner Großeltern aufkreuzte. »Ich brauche noch Ihre Gästeliste für die Einweihungsparty.«

Sie lächelte ihr charmantestes Lächeln – obwohl sie Jasons Dreitagebart mit Sicherheit für das Widerwärtigste hielt, was ihr je zu Gesicht gekommen war.

Jason Stiles ließ die Kinnlade ein wenig sinken, hob sie aber rasch wieder an, als er sah, wie sich eine Augenbraue meiner Großmutter hob. »Gästeliste? Die Gästeliste ...«, stammelte er.

»Richard«, wandte meine Großmutter Emily sich an ihren Mann. »Hast du Jason denn nicht danach gefragt?«

»Emily«, sagte Grandpa mit würdevoller Stimme. »Ich bin ein viel beschäftigter Mann ...«

»Du hast es also vergessen«, übersetzte Grandma seine Worte mit einem winzig kleinen Vorwurf in der Stimme. »Jason«, wandte sie sich dann an den Kompagnon. »Ich muss mich für meinen Mann entschuldigen. Wir haben eine Einweihungsparty für Ihren Eintritt in unsere Firma geplant. Wie Sie sehen, sind wir mit unseren Vorbereitungen schon weit vorangeschritten. Oder, um es genauer zu sagen: Es ist alles fertig. Jetzt fehlt uns nur noch eine Liste der Leute, die Sie einladen möchten.«

Jason räusperte sich kurz. Offenbar suchte er nach den richtigen Worten. »Nun, Emily«, begann er vorsichtig. »Ich weiß Ihren Einsatz wirklich zu schätzen. Aber ich bin mir nicht sicher, ob so eine Feier das Richtige ist.«

Grandma sah Jason mit großen Augen an. »Wie ... wie meinen Sie das?«

»Es ist doch vollkommen üblich, für seine Klienten zu so einem Anlass einen kleinen Empfang zu geben«, mischte sich nun auch mein Großvater von der Seite ein. »Man trifft sich einmal in einem anderen Rahmen, baut Beziehungen zueinander auf ...«

»Sie haben vollkommen Recht, Richard«, begann

Jason. »Aber es ist doch so: Man wird pausenlos zu irgendwelchen Dinnerpartys eingeladen. Es gibt die immergleichen Speisen, die ewig gleiche Musik und immer denselben Blumenschmuck. Egal, ob es sich um eine Fusion handelt, um das Ausscheiden einer wichtigen Person aus einer Firma oder um sonst irgendeinen langweiligen Anlass. Vielleicht sollte man mal etwas ganz anderes machen.«

»Etwas ganz anderes?«, wiederholte meine Großmutter ungläubig. »Aber was könnte das denn sein?«

»Nun«, antwortete Jason. »Vielleicht ein Ausflug nach Atlantic City?«

»Atlantic City?«, entfuhr es Emily entsetzt. »Aber was sollen die Klienten denn in Atlantic City?«

»Es gibt dort eine Menge verrückte Dinge, die man unternehmen kann«, antwortete Jason. »Glücksspiel zum Beispiel, oder auch einfach nur gutes Essen. Und glauben Sie mir«, fuhr er fort. Er hatte sich jetzt richtig in Fahrt geredet. »Nichts verbindet zwei Geschäftsleute mehr, als wenn einer den anderen morgens verkatert mit einer Nutte im Bett findet.«

Bei diesen Worten prallte der Kopf meiner Großmutter zurück, als hätte sie in einem Boxring den entscheidenden K.o.-Schlag einstecken müssen. Neben der Tatsache, dass er ein undankbarer Sohn war, waren es auch diese verbalen Ausfälle, die sie an Jason Stiles so abstießen. »I-im Bett?«, brachte sie mühsam hervor.

Meinem Großvater hingegen schien die Sache jetzt irgendwie einzuleuchten. Er drehte nachdenklich an seinem Glas Whiskey, das er sich gerade eingeschenkt hatte. »Es ist vielleicht ein wenig ungewöhnlich«, meinte er versonnen. »Aber auf jeden Fall ist es mal etwas anderes.

Jason«, sagte er dann. »Sie haben Recht. Genauso machen wir es. Wir fahren nach Atlantic City!«

»Und was ist mit der Dinnerparty?«, fragte meine Großmutter schwach.

»Sind die Einladungen schon verschickt?«, entgegnete Grandpa.

»Nein, das sind sie noch nicht«, gab Grandma zögernd zu.

»Dann ist doch alles in Ordnung!«, rief mein Großvater aus. »Also, Jason. Wir machen es auf Ihre Art!«

»Und das Dinner, das ich bestellt habe? Und der Blumenschmuck, die ganze Dekoration?«, warf Emily noch ein.

»Du bestellst einfach alles wieder ab«, entschied Grandpa. »Was bereits an Kosten entstanden ist, werden wir natürlich übernehmen. Jason hat Recht. Wir müssen alles tun, damit sich unsere Firma von den vielen anderen unterscheidet. Jason, ich darf Ihnen sagen, ich freue mich auf unseren Ausflug!« Damit verabschiedete er sich von seinem Kompagnon und seiner Frau und zog sich zurück – möglicherweise um schon mal zu überlegen, ob Shorts oder eher der Smoking das geeignetere Outfit für diesen Anlass waren.

Ich weiß, dass meine Mom nicht allzu gern Besuch von ihrer Mom bekommt. Grandma ist einfach nicht damit zufrieden, wie wir wohnen. Sie findet, dass es bei uns nicht elegant genug ist, sowohl innerhalb des Hauses – die Möbel und unsere gesamte Einrichtung als auch außerhalb – die Nachbarschaft und das Viertel. Entsprechend spitz sind ihre Bemerkungen, wenn sie erst einmal auf dem Sofa Platz genommen hat.

Was sie darüber hinaus nicht mag, sind die Outfits, mit denen ihre Tochter Lorelai zu Hause herumläuft. Grandma ist immer äußerst elegant gekleidet. Sie trägt auch zu Hause ihre Chanel-Kostüme. Mom hingegen liebt bequeme, sportliche Klamotten.

An diesem Tag trug sie wieder mal eine ihrer knallengen Trainingshosen. Die, auf deren Hintern die Aufschrift »Juicy« prangt. Mitten am Vormittag klingelte es an der Tür.

Mom trappelte die Treppe hinunter und machte auf. Schlagartig taumelte sie zurück. Draußen vor der Tür stand ihre Mutter, Emily Gilmore, im gediegenen Kostüm.

»Guten Tag«, sagte Grandma, während Lorelai noch nach Worten suchte. »Darf ich vielleicht hereinkommen?«

»Na-natürlich«, stotterte meine Mutter überrascht. »Hi, Mom!«

Grandma stolzierte hinter Mom her, Richtung Wohnzimmer. »Was hast du für ein Wort auf deiner Hose stehen?«, erkundigte sie sich bei Mom, obwohl sie selbst genauso gut lesen konnte. » ›Saftig‹? Auf deinem Hintern?«

»Wenn ich gewusst hätte, dass du kommst, hätte ich etwas anderes angezogen«, antwortete Mom.

»Ach ja?«, entgegnete Grandma. »Was denn? Vielleicht einen BH, auf dem ›lecker‹ steht?«

Mom verdrehte die Augen. Auch dieser Besuch würde vorübergehen. Irgendwann. »Setz dich doch«, forderte sie ihre Mutter auf.

Emily Gilmore sah sich verlegen im Haus ihrer Tochter um. Es war sonnenklar, dass sie etwas loswerden wollte. »Ich muss mit dir sprechen, Lorelai.«

»Okay«, sagte Mom. »Schieß los!«

»Ich fürchte«, begann Grandma, »ich werde zur Einweihungsfeier nun doch nicht auf die Hilfe der *Independence Catering Company* zurückgreifen können.«

Mom blieb fast der Mund offen stehen. So sehr sie sich anfangs gegen die Idee gesträubt hatte, für ihre Eltern zu arbeiten – mittlerweile hatte sie fest mit dem Geld gerechnet. »Aber ... aber warum denn nicht?«, fragte sie. »Hat dir irgendetwas doch nicht gefallen? Meine selbst gekürzten Kerzen? Oder dass ich keine Uniform getragen habe? Oder die Broccoli-Tartes? Willst du lieber Broccoli-Quiches?«

»Nein, nein, das ist es nicht«, sagte Emily und nestelte nervös am Riemen ihrer Handtasche herum. »Es ist so ... dein Vater und ich, wir haben uns für eine andere Art von Feier entschieden.«

»Eine andere Art von Feier? Was soll das denn sein?«, forschte Mom nach. »Gruppensex im Pool vielleicht?«

Meine Großmutter zuckte erkennbar zusammen. »Ich weiß natürlich, dass ihr schon Ausgaben hattet«, fuhr sie fort, ohne weiter auf die Frage ihrer Tochter einzugehen. »Bitte, schick mir die Rechnung für die Auslagen. Ich werde dir den Betrag umgehend überweisen.«

»Also, Moment mal.« Mom rang richtig nach Atem. »Das kannst du doch nicht machen! Die ganze Sache jetzt einfach abblasen. Wieso hast du uns denn erst noch antanzen lassen?«

»Zu dieser Zeit waren bestimmte Entwicklungen noch nicht absehbar. Und ein Probeessen ist ein durchaus übliches Vorgehen«, verteidigte sich Emily. »Ihr wolltet behandelt werden wie jeder andere Catering Service auch.«

»Aber das war nicht nur ein Probeessen«, ereiferte

sich Mom. »Du hast dagesessen wie die Königin von England. Die sich von den beiden Aschenputteln Sookie und Lorelai bedienen lässt. Und jetzt willst du mir sagen, dass das alles umsonst war? Ist das die Rache dafür, dass ich dir die Gründung unserer Firma verschwiegen habe?« Sie musste erst einmal Luft holen, bevor sie fortfuhr. »Das ist einfach nur gemein«, schimpfte sie. »Das ist gemein und unfair!«

»Du hast Recht«, gab Emily jetzt zur Überraschung meiner Mutter zu. »Das ist es. Und es tut mir Leid. Das kannst du mir glauben, Lorelai.« Ihre Stimme bekam jetzt einen Ton, den Mom nur selten von ihr kannte. Sie wurde weich. Weich und beinahe herzlich. »Deine Dekorationsvorschläge waren wundervoll. Und Sookies Essen war vortrefflich. Ich habe mich sehr darauf gefreut. Für euch, weil es ein gut bezahlter Auftrag gewesen wäre. Und für mich. Weil es vielleicht das schönste Fest meines Lebens geworden wäre. Aber jetzt ... jetzt ist eben alles anders.«

Grandma Emilys Augen hatten sich verdunkelt. Auf einmal sah sie alt aus. Alt und müde.

»Aber Mom!«, rief Lorelai aus. »Das klingt ja schrecklich. Was ist denn passiert?«

»Die Zeiten ändern sich, Lorelai«, begann meine Großmutter betrübt. »Und all das, was früher einmal elegant und schön war, und eigentlich das, was sich alle erträumt hatten ... das ist plötzlich nichts mehr wert. Es ist spießig und veraltet. Und zwar nicht nur die Kanapees und die Cocktailpartys selbst. Sondern vor allem die, die sie planen ...«

»Mom!« So schwer es meine Mutter oft mit ihrer Mom hat – jetzt brach es ihr fast das Herz, Grandma so traurig zu sehen. »Komm schon. Erzähl mir, was passiert ist«, forderte Mom sie auf.

Meine Großmutter holte tief Luft. »Der neue Kompagnon deines Vaters, Jason Stiles ...«, begann sie.

»Digger also!«, warf Mom ein und verdrehte die Augen zum Himmel. »Digger Stiles! Na klar!«

»Jason hat vorgeschlagen«, fuhr meine Großmutter fort, »die Kunden nach Atlantic City einzuladen. Er glaubt, anstatt bei einer Dinnerparty gepflegt miteinander Konversation zu machen, vertieft es die Beziehungen zwischen der Firma und den Kunden eher, wenn ...«

»... wenn der eine Geschäftmann den anderen morgens verkatert mit 'ner Nutte im Bett findet«, brachte Mom den Satz für sie zu Ende. Ohne zu ahnen, wie sehr sie den Originalton getroffen hatte. »Das sieht ihm ähnlich!«, fuhr sie fort. »Aber hat er eigentlich eine Ahnung, wie viel Arbeit in der Vorbereitung einer Dinnerparty steckt?«

»Das spielt jetzt alles überhaupt keine Rolle mehr«, seufzte meine Großmutter. »Dein Vater hat entschieden, dass Jason Recht hat. Und wenn er dieser Meinung ist, nun ...« Sie musste schlucken, und einen Moment lang hatte Lorelai den Verdacht, dass die Augen ihrer Mutter feucht wurden. »Ich stehe deinem Vater seit 36 Jahren zur Seite und unterstütze ihn bedingungslos. Und wenn er anstatt einer Dinnerparty mit seinen Klienten lieber einen Ausflug nach Atlantic City unternimmt, dann ... dann sehe ich es eben so, dass ich jetzt einfach eine neue Freiheit hinzugewonnen habe. Ich habe mehr Zeit und kann mich um meine eigenen Interessen kümmern.«

Auch Mom musste plötzlich schlucken. Sie hat eben ein weiches Herz, und ihr war völlig klar, dass Emily bislang in der Unterstützung ihres Mannes und dem Ausrichten von Dinnerpartys ihre Daseinsberechtigung gesehen hatte. Wenn dies nun nicht mehr der Fall war, war das nicht ein untrügliches Zeichen dafür, dass sie jetzt zum alten Eisen gehörte?

»Tja, dann«, sagte Mom zögernd. »Dann kannst du die Zeit ja jetzt genießen.« Sonderlich überzeugend klang es wohl nicht.

Grandma erhob sich. »Bitte, sag auch Sookie, dass es mir Leid tut«, trug sie Mom auf. »Wirklich. Wir sehen uns dann am Freitagabend«, fuhr sie dann mit tapferer Stimme fort. »Zusammen mit Rory. Ich freue mich schon auf euch.«

Mom hatte plötzlich einen Knoten im Hals. Sie brachte ihre Mutter zur Tür und verabschiedete sie. Als Emily draußen und die Tür ins Schloss gefallen war, lehnte sich von innen dagegen.

Sie konnte sich nicht erinnern, wann sie jemals solches Mitleid mit ihrer Mutter gehabt hatte.

Während Mom sich nun darum kümmern musste, alle Vorbereitungen, Bestellungen und Reservierungen für die Dinnerparty wieder rückgängig zu machen, lief bei mir in Yale auch nicht alles so, wie ich es mir erhofft hatte.

Noch am Abend vorher hatte ich Mom voller Begeisterung angerufen und ihr von meinem Studierbaum erzählt. Und auch an diesem Tag war ich wieder zu ihm gegangen, um darunter zu lernen und zu arbeiten. Vielleicht schaffte ich die vorgezogenen Termine für die Leseliste ja doch noch?

Es herrschte wieder einmal wunderbares Herbstwetter und genau wie ich war eine ganz Reihe Studenten auf die Idee gekommen, draußen zu lernen.

Ich sah meinen Baum schon von weitem, zumindest seine Krone. Sie ragte über die ehrwürdigen Gebäude der ehrwürdigen Universität Yale hinaus.

Sobald ich aber um die Ecke des Hauptgebäudes bog, blieb ich wie angewurzelt stehen. Unter meinem Baum saß jemand. Ein fremder Student.

Ich sah mich einen Augenblick um. Sollte ich mir einen anderen Baum suchen? Aber dann fiel mir ein, dass doch ausgerechnet dieser Baum wie für mich geschaffen war. Er passte sich meinem Rücken genau an, und das Licht war so, dass ich nicht so schnell müde wurde. Sollte ich das alles etwa aufgeben?

Ich gab mir einen Ruck und ging auf den Studenten zu. »Hallo«, sagte ich. »Entschuldigung, aber das hier ist mein Baum.«

Der Junge sah auf. »Wie bitte?«

»Das ist mein Baum«, wiederholte ich. Im selben Moment merkte ich, dass dies vielleicht nicht die diplomatischste Art war, ein Gespräch zu beginnen.

Mein Kommilitone sah mich misstrauisch an. Kein Wunder. Man hat vielleicht einen Hund. Aber keinen Baum. Trotzdem: War denn nicht klar, worum es hier ging? Warum wurde meine Geduld jetzt schon wieder so geprüft? War es denn zu viel verlangt, irgendwo einen ruhigen Ort zum Lernen haben zu wollen?

Ob ich es wollte oder nicht, ich wurde richtig ungeduldig. Und begann nervös von einem Bein auf das andere zu treten. Wie ein Schulmädchen. Leider. »Ich ... ich lerne hier«, erklärte ich und hörte selbst den etwas nervigen Nachdruck, den ich in meine Stimme legte. »Ich wohne nämlich nicht allein, und in meiner Wohneinheit ist es immer so laut.«

»Geht mir genauso«, sagte der Junge gelassen. Dann schlug er seine Lektüre wieder auf, die er geschlossen hatte, als ich ihn angesprochen hatte. Es war eine Zeitschrift. Ein Trucker-Magazin. Es enthielt sicher nichts, das er für die nächste Uni-Übung vorbereiten musste. »Ich wohne auch nicht allein und habe auch nirgends meine Ruhe«, erklärte er.

»Aber du hast nicht Tanna am Hals und auch nicht Paris«, entgegnete ich. »Ganz zu schweigen von Janet, die quietscht.« Offenbar war mein Tourette-Syndrom schon wieder drauf und dran, auszubrechen. Und damit meine ich nicht nur den patzigen Ton, der immer unüberhörbarer wurde.

»Aha«, antwortete mein Gegenüber desinteressiert. »Hör zu«, meinte er dann und sah wieder zu mir auf. »Ich bin beschäftigt.«

»Oh, ja, das sehe ich!«, antwortete ich. »Du hast echt viel zu tun, mit deinem Trucker-Magazin. Aber ich, ich muss lernen und habe endlich einen schönen Platz dafür gefunden. Und du willst nicht davon weggehen.« Insgeheim fragte ich mich, ob der ständige Kontakt mit Paris allmählich Wirkung zeigte. Wegen der Pampigkeit, die unwillkürlich Besitz von mir ergriff.

Der Junge sah sich um. »Hier gibt es doch noch mehr Bäume«, meinte er.

»Stimmt. Aber keiner ist so wie dieser«, entgegnete ich. »Er ist wie geschaffen für meinen Rücken und das Licht ist gut. Ich werde hier nicht so schnell müde.«

Mein Kommilitone sah mich an, als müsste jetzt noch etwas kommen. Obwohl doch eigentlich alles klar war, oder? Dieses coole Abwarten muss es wohl gewesen sein, das mich plötzlich verunsicherte, einen plötzlichen Adrenalin-Abfall bewirkte.

»Jedenfalls hatte ich gehofft, dass du mir meinen Baum wieder überlässt. Zum Lernen. Dass du so nett wärst ... äh, ich meine ...« Die Worte erstarben mir mit einem Mal auf den Lippen.

Der fremde Student sah mich noch immer an. Ohne mit der Wimper zu zucken und irgendwie abschätzig. »Nein«, sagte er nur. »Tu ich nicht.«

»Wie bitte? Oh ... äh ... na dann«, stammelte ich.

Damit drehte ich mich auf dem Absatz um und stapfte grollend davon.

12

»Ja, bitte richten Sie ihm noch einmal aus, dass ich ihn angerufen habe«, hörte ich Mom in der Küche sagen. »Das war Anruf Nummer vier«, seufzte sie dann.

»Mom!«, rief ich schon vom Flur aus, bevor ich die Tür ins Schloss warf.

Ich gebe zu, ich wusste nicht mehr aus noch ein. Nur ein verzweifelter Mensch wie ich konnte auf die Idee verfallen, nun doch wieder von Yale nach Stars Hollow zu fahren, um dort, in einem Großlager für Broccoli-Tartes – oder waren es Quiches? – einen neuen Lernversuch unternehmen. Es wunderte mich also daher nicht sonderlich, als ich Mom und Sookie in der Küche in einer ähnlichen Situation antraf wie bei meinem letzten Besuch. Nämlich umgeben von Broccoli-Törtchen.

Der einzige Unterschied war, dass die Tartes an diesem Tag nicht mehr hergestellt, sondern – im Gegenteil – ihrer Vernichtung zugeführt wurden. Zu diesem Zweck hatte Sookie den großen Mülleimer herbeigeholt und warf die Törtchen, abgesehen von ein paar einzelnen Exemplaren, die sie sich in den Mund schob, der Reihe nach hinein.

»Es ist eine Schande«, meinte sie. »Alles umsonst: die Zeit, die Arbeit, der Broccoli ...«

»Kannst du sie denn nicht einfrieren?«, fragte Mom. Sie nahm das Telefon wieder in die Hand und betrachtete es ärgerlich.

»Wie viel hundert Jahre willst du denn Broccoli-Tartes essen?«, entgegnete Sookie. »Zwanzig Törtchen habe ich für mich eingefroren, zwanzig für dich, und der Rest – tja, ist eben Schicksal.« Sie zuckte die Schultern. »Dabei hatte ich meinen Anteil an dem Geld schon fest verplant«, fuhr sie fort. »Für ein neues Auto. Damit der Kleine nicht über die Ladefläche von Daddys Truck kullert. ›Aufgepasst, Liebling, jetzt kommt eine Kurve!‹«, rief sie und legte sich mit ausgebreiteten Armen wie ein Flugzeug zur Seite – auch wenn der Umfang ihres Körpers zurzeit eher an einen Ballon erinnerte.

»Sookie, du übertreibst«, meinte Mom nur.

»Hallo, Mom!«, platzte ich in diesem Moment dazwischen.

Mom wandte sich zu mir um. Sie lächelte erfreut – bis sie meinen Gesichtsausdruck sah.

»Liebling, was ist los?«, fragte sie. »Ist jemand gestorben?«

»Ich habe meinen Baum verloren«, antwortete ich und ließ mich geknickt auf einen der Stühle am Küchentisch sinken.

Sookie, die gerade wieder die Hand voller Tartes hatte, sah mich ungläubig an. »Wie bitte? Du hast einen Baum verloren? Wie geht denn das?«

»Meinen Studierbaum«, präzisierte ich. »Der, unter dem ich so gut lesen und lernen kann. Als ich mich heute darunter setzen wollte, saß da ein fremder Typ und las ein Trucker-Magazin.«

»Na«, meinte Mom. »Dir fällt schon eine andere Lösung ein.« Sie klang fast ein bisschen gelangweilt. Oder war es eher entnervt? Jedenfalls guckte sie jetzt wieder das Telefon an, drückte auf die Wahlwiederholung und schaltete sie im selben Moment wieder ab.

»Eine andere Lösung? Dafür, dass ich meinen Studierbaum verloren habe?«, wiederholte ich. Offenbar hatte Mom mein Problem noch nicht in seiner gesamten Tragweite erkannt. Wo war er denn jetzt, der mütterliche Instinkt, der Alarm schlägt, wenn die Brut in Gefahr ist? Auch wenn ich das Nest kürzlich verlassen hatte und gegen ein eigenständiges, gefährliches Leben in Yale eingetauscht hatte.

»Du hast Recht«, versuchte ich sie ein bisschen herauszufordern. »Ich werde mir einen anderen Beruf suchen. Ich werde meine Traumkarriere als Auslandskorrespondentin an den Nagel hängen und mir eine kleine bescheidene Arbeit suchen. Ich brauche nicht viel. Nur mein Auskommen. Und vielleicht einmal im Monat ein Stück Fleisch auf dem Tisch. Ach, es ist schrecklich!«, stieß ich dann aus und ließ meinen Kopf in die Hände sinken. Ein bisschen theatralisch, okay, aber Mom schien ja unter einem plötzlich Anfall von Gefühlskälte zu leiden.

Allerdings nur bis zu diesem Moment. Ich hatte schon gesehen, dass sich Moms Stirn so eigentümlich kräuselte. Ich kenne dieses Phänomen – auch wenn es äußerst selten auftritt, genauer gesagt nur dann, wenn Mom der Kragen platzt. Was wirklich nicht allzu häufig geschieht. Wenn es aber mal so weit ist, dann meint sie es auch ernst. Und dann sieht sie wieder mal verteufelt gut aus.

Und wie vermutet brauste sie jetzt auf. »Rory! Du hörst jetzt sofort auf zu jammern!«, fuhr sie mich an. »Und du auch, Sookie!«, setzte sie hinterher. »Streng gefälligst deinen Grips an«, sagte sie jetzt wieder zu mir. »Dafür bist du doch auf der Uni! Oder willst du mir erklären, dass man euch gerade das dort abgewöhnt, das Nachdenken? Du bist kein Kind mehr, und du hast dein Leben selbst in die Hand genommen. Du hast ein Problem? Okay, dann geh darauf zu und löse es. Und was dich betrifft, Sookie ...«

Sookie war von Moms Temperamentsausbruch völlig überrascht. Wie angewurzelt stand sie da. In ihrer rechten Hand hielt sie ein Broccoli-Törtchen, und es war nicht klar, wohin dieses Törtchen hätte wandern sollen. In den Mülleimer oder in Sookies Mund. Es war auf halber Strecke stehen geblieben.

»Es mag ja sein, dass ein Truck nicht das geeignetste Fahrzeug für einen Säugling ist«, fuhr Mom fort. »Aber im Wilden Westen wurden die Babys in Planwagen durch die Gegend gekarrt, und die haben auch überlebt. Du brauchst nicht unbedingt ein neues Auto für dein Kind. Was du brauchst, ist ein vernünftiger Kinderwagen.«

Ich konnte mich nicht erinnern, wann ich Mom das letzte Mal so wütend gesehen hatte. Sie war richtig in Rage. Jetzt stand sie auf und nahm ihre Jacke, die sie über die Stuhllehne gehängt hatte.

»Mom, wo willst du denn hin?«, rief ich, als ich merkte, dass sie gehen wollte. Hatte sie sich denn so über Sookie und mich geärgert? Und überhaupt, es war doch gar nicht die Art von Lorelai Gilmore, einem Konflikt einfach davonzulaufen ...

Mom drehte sich um. Ihre Augen blitzten kampflustig. »Ich habe noch etwas zu erledigen«, sagte sie. »Und wenn ich zurückkomme, will ich diese verdammten Tartes nicht mehr sehen.« Damit rauschte sie hinaus und schlug die Haustür hinter sich zu.

Mom hat immer klar definierte Ziele. Und sie lässt sich nicht so leicht von ihnen abbringen, wie das bei mir der Fall ist. Wenn unter ihrem Baum ein fremder Typ gesessen hätte, hätte sie schon Mittel und Wege gefunden, ihn zu vertreiben. Und wenn sie ihn einfach nur ein bisschen bezirzt und betört hätte – was ja oft nicht das dümmste Mittel ist, um die eigenen Interessen durchzusetzen.

Das Ziel, worauf Mom nun zusteuerte, hatte gar nicht mal in erster Linie mit ihren eigenen Interessen zu tun. Was sie trieb, war nur auf der einen Seite die Überzeugung, dass Lorelai Gilmore sich nicht so leicht die Butter vom Brot nehmen ließ – geschweige denn, dass sie es akzeptierte, wenn sich ein lukrativer Auftrag so schlagartig wieder in Luft auflöste. Nein, was sie jetzt trieb, war ... ja, es war Mitleid. Nicht mit sich selbst, bestimmt nicht. Aber mit Sookie, die sich so auf das Geld und auf ein neues Auto gefreut hatte, und mit – ihrer Mutter. Für Emily Gilmore.

Das Bürohaus, das Mom nun betrat, war ihr bestens vertraut. Als Kind war sie hier aus und ein gegangen – solange Grandpa hier gearbeitet hatte, in der Firma des Vaters von Jason Stiles.

Der neue Kompagnon meines Großvaters absolvierte seine letzten Arbeitstage im väterlichen Betrieb. Plötzlich wurde die Tür zu seinem Vorzimmer aufgerissen, in dem er sich gerade befand, um ein paar Dinge mit seiner Sekretärin zu regeln. Wie ein Racheengel stand Mom im Türrahmen und blitzte ihn an.

»Digger Stiles!«, rief sie. »Ich hoffe, jetzt können wir endlich reden!«

Jason sah meine Mutter einen Augenblick verblüfft an. »Lorelai Gilmore«, sagte er dann, als es ihm wie Schuppen von den Augen fiel. »Du hast dich wirklich herausgemacht!«, stellte er anerkennend fest.

»Danke«, antwortete Mom trocken. »Warum rufst du mich nicht zurück? Ich habe vier Mal bei dir angerufen!«

Jason ließ sich einen Augenblick Zeit. »Ich wusste ja nicht, wie du aussiehst«, sagte er dann mit einem Grinsen um die Mundwinkel herum. »Aber ich könnte dich jetzt anrufen. Hast du dein Handy eingeschaltet?«, fragte er, immer noch grinsend.

»Der Akku ist ...«, begann Mom. Dann winkte sie ab. »Digger! Ich lass mich doch nicht von dir auf den Arm nehmen!«, schimpfte sie. »Ich will mit dir reden.«

»Okay«, sagte Jason. »Dann lass uns in mein Büro gehen.«

Bevor er die Tür schloss, schickte er die Sekretärin nach Hause. Er war sich offenbar sicher, sie an diesem Tag nicht mehr zu benötigen.

»Was kann ich für dich tun?«, fragte Jason Stiles, sobald er mit Mom allein war.

»Erst einmal gut zuhören«, antwortete Mom. »Ich will dir mal etwas sagen, Digger«, polterte sie dann los. »Du kannst nicht einfach in ein fremdes Unternehmen einsteigen und sofort alles an dich reißen. Für die Party waren Leute beauftragt, und die haben fest mit dem Geld gerechnet.«

Jason guckte verwirrt. »Party? Was denn für eine Party?«

»Die Einweihungsparty«, half Mom ihm auf die Sprünge. »Du bist doch als Kompagnon in die Firma meines Vaters eingestiegen.«

»Ach so, ja natürlich«, gab Jason zu. »*Diese* Party. Also, es war so«, verteidigte er sich dann. »Niemand hat im Vorfeld mit mir darüber gesprochen.«

»Natürlich nicht«, entgegnete Mom. »Das sind meine Eltern ja auch nicht gewöhnt. Sie machen immer das, was sie für richtig halten. Und zwar ohne Rücksicht auf Verluste.«

»Mag sein. Aber ich ...«, versuchte Jason, einen Einwand vorzubringen.

»Es ist eine Unverschämtheit von dir, meiner Mutter das Gefühl zu geben, sie sei alt und überflüssig!«, ließ ihm Mom aber keine Chance. »Seit Jahrzehnten richtet sie diese Art von Partys aus. Elegante, todlangweilige Dinnerpartys. Es ist sozusagen ihr Lebensinhalt. Und dann kommst du ...«

»Moment, Moment, Lorelai«, versuchte Jason, Mom zu beruhigen. Es nützte allerdings nichts.

»Du kommst einfach an und nimmst ihr das weg, wofür sie viele Tage geschuftet hat«, motzte Mom ungerührt weiter. »Und was tut sie daraufhin? Sie geht zu mir und feuert mich!«

»Sie feuert...? Bitte, was?«, fragte Jason.

»Ich war für das Catering zuständig!«, schimpfte Mom. »Ich habe eine kleine Firma, zusammen mit einer Partnerin. Dieses Catering hätte unserem Service einen schönen Batzen Geld eingebracht. Aber du musst ja unbedingt Atlantic City vorschlagen.«

Jasons Miene hatte bislang tiefes Erstaunen ausgedrückt. Jetzt nahm sie allerdings wieder belustigte Züge an. Oder eher verblüffte. »Du hast einen Catering-Service? Kochst du denn etwa?«, fragte er.

»Nein. Ich mache die Organisation«, antwortete Mom.

Jason seufzte erleichtert. »Also, Lorelai«, begann er dann. »Ich wusste ja nicht, was für ein Chaos ich durch meinen Vorschlag auslösen würde ...«

»Typisch!«, fiel Mom ihm ins Wort. »Das war damals im Sommer-Camp auch schon so. Zum Beispiel, als du im Kanu aufgestanden bist und wir gekentert sind. Mit sämtlichen Klamotten am Leib.«

»Ah, ich erinnere mich«, meinte Jason, und auf seinem Gesicht machte sich wieder Amüsement breit. »Du hattest ein grünes T-Shirt an. Aber keinen BH.«

Moms Augen wurden groß. »Wie bitte?«

»Klar«, fuhr Jason fort. »Ich war daraufhin der Held von Hütte 5. Alle Jungs haben mir gratuliert!«

»Es reicht, Digger! Du wirst dich bei meiner Mutter entschuldigen!«, forderte Mom jetzt. »Und die Party findet natürlich statt!«

»Tut mir Leid, Umlaut«, antwortete Jason. »Hier geht es ums Geschäft. Entschuldigung ja, Party nein.«

Mom verschlug es einen Moment lang die Sprache. Sie hatte tatsächlich einen Augenblick Sendepause. Etwa so, wie ein Hund sich erst einmal schütteln muss, wenn er aus dem Wasser kommt, bevor er weiterläuft. »Habe ich richtig gehört? Hast du gerade ›Umlaut‹ zu mir gesagt?«

»Natürlich«, antwortete Jason. »Du sagst ja auch ›Digger‹ zu mir. Und wo wir gerade schon vom Sommercamp sprachen ...«

Mom rang noch ein paar Mal nach Luft. »Du musst meiner Mutter diese Party lassen«, forderte sie dann. Sie klang ziemlich endgültig.

»Tut mir Leid, das kann ich nicht«, antwortete Jason. Er klang ebenso entschlossen. »Aber dafür würde ich dich gern zum Essen einladen«, setzte er hinzu.

»Mich zum Essen einladen? Ich geh auf keinen Fall mit dir essen«, entgegnete Mom empört.

»Aber warum denn nicht?«, bohrte Jason.

»Das ist doch sonnenklar!«, rief Mom. »Weil ich durch dich einen Job verloren habe und du meine Mutter beleidigt hast.«

Bislang hatte um Jasons Mund immer nur ein Grinsen gespielt. Jetzt aber lag es unverhohlen auf seinen Lippen. »Ach. Ich wusste gar nicht, dass ihr euch so nahe steht – du und deine Mutter.«

Mom merkte, dass Jason begann, sie in die Enge zu treiben. Natürlich standen sie und ihre Mutter sich nicht nahe. Und offenbar hatte Jason eine gewisse Erfahrung mit solchen Konstellationen – wenn man das Verhältnis zwischen seinem Vater und ihm betrachtete. »Man ... man kann sich seine Familie nicht aussuchen«, antwortete sie ausweichend. »Und mein Verhältnis zu meiner Mutter ... geht dich überhaupt nichts an.« Sie versuchte ihre Stimme wieder fest klingen zu lassen.

»Okay. Dann kannst du ja morgen mit mir essen gehen.« Jason lehnte sich an seinen Schreibtisch und hatte entspannt die Hände in die Hosentaschen gesteckt.

»Kommt nicht in Frage!«, erwiderte Mom.

»Warum nicht? Weil sich deine Mutter dann ärgert?«, fragte Jason grinsend.

»Ganz genau«, antwortete Mom. »Sie würde sich maßlos ärgern, wenn ich ausgerechnet mit dir ...« Mit einem Mal sprach sie nicht mehr weiter. Seit wann war es denn ihr Hobby, ihre Mutter zu verteidigen oder sogar zu rächen? Es hatte sie schon genug gewundert, warum sie plötzlich solches Mitleid mit Emily gehabt hatte. Und war angesichts ihrer gespannten Beziehung dieses Mitleid nicht schon ein reichlicher Ausdruck von töchterlichem Verantwortungsgefühl? War es jetzt nicht so langsam wieder gut damit?

Am Horizont von Moms geistigem Auge stieg etwas auf. Eine Vision. Eine prachtvolle Szenerie. Sie, Lorelai Gilmore, ging mit dem Mann essen, der ab sofort zu den Erzfeinden ihrer Mutter zählen musste. Das war doch eine fantastische Vorstellung! Würde Mom ihrer Mutter damit nicht alle Spitzen und Demütigungen, die sie im Umfeld um die geplante Dinnerparty hatte ertragen müssen, auf einen Schlag heimzahlen?

»Jason Digger Stiles«, sagte sie grinsend, und in ihren Augen blitzte es. Er hatte sie durchschaut. Aber das war jetzt egal. »Du bist ein richtiger Scheißkerl.« Und dabei hatte sie Mühe, das Lachen zu unterdrücken, das in ihrer Kehle aufsteigen wollte.

Mom gehört wirklich zu den Frauen, die zupacken. Ich hörte mit Bewunderung, wie sie Jason Stiles den Kopf gewaschen hatte. Auch wenn am Ende ein etwas anderes Ergebnis herausgekommen war, als sie zunächst geplant hatte.

Währenddessen hatte ich zu Hause am Küchentisch gesessen und Sookie geholfen, die Broccoli-Tartes in die Mülltonne zu werfen.

Ich weiß nicht, ob dies der Tag der generellen Kopfwäschen war. Aber ich muss zugeben, dass auch an mir die Worte, die Mom mir vorher noch an den Kopf geworfen hatte, nicht spurlos vorübergegangen waren.

Ich glaube, es war das erste Mal, dass Mom mir auf den Kopf zugesagt hatte, ich sei jetzt erwachsen und ich solle mein Leben gefälligst selbst in die Hand nehmen. Und zwar im wörtlichen Sinne sozusagen. Ich solle aktiv werden, wenn mir etwas nicht passt. Und auch wenn es vielleicht Unbequemlichkeiten mit sich brächte – irgendwie hatte ich das Gefühl, dass sie Recht haben könnte ...

Als ich an einem der nächsten Nachmittage in Yale wieder meinen Studierbaum aufsuchte, saß dort – wie erwartet – der Student mit dem Trucker-Magazin. Er blätterte eifrig darin herum und gab sich alle Mühe, mich nicht zu bemerken.

Ich holte tief Luft. »Entschuldige bitte«, sagte ich, und wenn es etwas gebracht hätte, hätte ich sogar angeklopft. An den Baum, meine ich.

Mein Kommilitone sah auf.

»Weißt du noch, wer ich bin?«, fragte ich mit dem verbindlichsten Ton, den ich bis dahin je angeschlagen hatte.

»Klar«, antwortete der Baum-Besetzer. »Aber ich war schon vor dir hier.«

»Ja, ja, natürlich«, beschwichtigte ich ihn gleich. »Ich wollte dir nur etwas sagen«, nahm ich dann einen neuen Anlauf. »Ich glaube, ich war neulich ein bisschen komisch zu dir. Ich war nervös, weil ich nirgendwo meine Ruhe gefunden habe und überhaupt – vielleicht muss ich mich auch noch ein bisschen in Yale eingewöhnen.«

Der Baum-Besetzer guckte skeptisch. Offenbar war ihm nicht klar, worauf ich hinauswollte.

»Aber das Leben besteht ja nun mal aus Veränderungen, nicht wahr?«, fuhr ich fort, und wenn ich mir nicht sicher gewesen wäre, dass ich tatsächlich Rory Gilmore war, hätte ich mich ebenso für eine gütige alte Oma halten können, die ihren Enkeln ein paar Tipps fürs Leben gibt. »Wir sind jetzt hier am College und du hast meinen Studierbaum.« Zusammenhang? Na ja. »Wir müssen eben lernen, uns mit Tatsachen abzufinden und alles so zu nehmen, wie es kommt.«

Mein Kommilitone lächelte müde. »Du hast sicher Recht«, meinte er. Dann blätterte er weiter in seinem Trucker-Magazin.

Aha. Das war es also. Meine Rede zur Lage der Studenten-Nation war ein Schuss in den Ofen gewesen! Kein Gedanke daran, dass mein Gegner daraufhin etwa aus freien Stücken das Feld geräumt hätte. Plötzlich wurde mein Arm, in dem ich meine Bücher und meine Hefte hielt, bleischwer. Die Leseliste – sie wog mit einem Mal Tonnen. Tonnen, die schwer auf mir lasteten, auf meinem Arm, auf meiner Seele ...

Kurz entschlossen griff ich in meine Hosentasche und zog ein Stück Papier heraus. Einen Geldschein, um es genau zu sagen. 20 Dollar. Ziemlich verknautscht.

»Hier. Ich gebe dir 20 Mäuse.«

Der fremde Typ sah auf. »Wie bitte? Du gibst mir 20 Dollar, damit du unter diesem Baum sitzen kannst?«

»Klar«, sagte ich und wedelte mit dem Schein vor seiner Nase herum. »Hast du schon vergessen, was ich gerade noch gesagt habe? Man muss es nehmen, wie es kommt.«

Mein Gegenüber war ziemlich verblüfft. »Du hast einen Knall«, sagte er. Aber dann nahm er das Geld. Er steckte es ein, stand auf und ging davon.

Erleichtert ließ ich mich unter meinen Studierbaum sinken. Ich breitete meine Bücher und Hefte um mich herum aus. Bevor ich aber die Nase hineinsteckte, sah ich einen Moment in die Krone meines Baumes hinauf.

Hinter Blättern mit rostroten Rändern leuchtete ein tiefblauer Himmel.

Wer hat eigentlich gesagt, dass Veränderungen sich so schlagartig bemerkbar machen müssen wie ein neuer Haarschnitt, überlegte ich. Der Herbst schreitet jeden Tag ein kleines Stückchen voran. Und das Laub wird nicht von einem auf den anderen Tag bunt, sondern es verfärbt sich ganz langsam, von außen zur Mitte. Und eines Tages ist er dann da, der schönste Indian Summer.

Ich legte den Kopf an die Rinde meines Baumes und ließ ein paar letzte Sonnenstrahlen mein Gesicht streicheln.

Schrittchen für Schrittchen. Ganz langsam ans Ziel, überlegte ich. So würden sich die Dinge verändern.

Oder?

Neues von den Gilmore Girls

Gilmore Girls
Wie die Mutter,
so die Tochter
ISBN 3-8025-3245-7

Gilmore Girls
Hochzeitspläne
ISBN 3-8025-3246-5

Gilmore Girls
Der Ernst des Lebens
ISBN 3-8025-3262-7

Egmont vgs verlagsgesellschaft, Köln
www.vgs.de

Neues aus Stars Hollow

Gilmore Girls

Lorelai in Liebesnöten

ISBN 3-8025-3462-1

Egmont vgs verlagsgesellschaft, Köln

www.vgs.de